INTELIGÊNCIA EMOCIONAL 2.0
VOCÊ SABE USAR A SUA?

TRAVIS BRADBERRY
& JEAN GREAVES

ALTA BOOKS
EDITORA
Rio de Janeiro. 2019

Copyright © 2019 Starlin Alta Editora e Consultoria Eireli.
Copyright © Travis Bradberry e Jean Greaves

Coordenação de produção: Alexandre Braga
Tradução: Cristina Yamagami
Edição: Oliva Editorial
Diagramação: Carolina Palharini
Capa: Carolina Palharini
Produção Editorial: HSM Editora - CNPJ: 01.619.385/0001-32

Todos os direitos estão reservados e protegidos por Lei. Nenhuma parte deste livro, sem autorização prévia por escrito da editora, poderá ser reproduzida ou transmitida. A violação dos Direitos Autorais é crime estabelecido na Lei nº 9.610/98 e com punição de acordo com o artigo 184 do Código Penal.

Erratas e arquivos de apoio: No site da editora relatamos, com a devida correção, qualquer erro encontrado em nossos livros, bem como disponibilizam os arquivos de apoio se aplicáveis à obra em questão.

Acesse o site www.altabooks.com.br e procure pelo título do livro desejado para ter acesso às erratas, aos arquivos de apoio e/ou a outros conteúdos aplicáveis à obra.

Suporte Técnico: A obra é comercializada na forma em que está, sem direito a suporte técnico ou orientação pessoal/exclusiva ao leitor.

A editora não se responsabiliza pela manutenção, atualização e idioma dos sites referidos pelos autores nesta obra.

Dados Internacionais de Catalogação na Publicação (CIP)
Angélica Ilacqua CRB-8/7057

Bradberry, Travis
 Inteligência emocional 2.0 : você sabe usar a sua? / Travis Bradberry, Jean Greaves ; tradução de Cristina Yamagami. - São Paulo : HSM Editora, 2016.
 240 p.

Bibliografia
ISBN: 978-85-508-1026-3
Título original: Emotional Intelligence 2.0

1. Inteligência emocional 2. Liderança 3. Autoconhecimento 4. Relações interpessoais I. Título II. Greaves, Jean III. Yamagami, Cristina

16-0064   CDD 152.4

Índices para catálogo sistemático:

1. Inteligência emocional

Rua Viúva Cláudio, 291 — Bairro Industrial do Jacaré
CEP: 20.970-031 — Rio de Janeiro (RJ)
Tels.: (21) 3278-8069 / 3278-8419
ALTA BOOKS   www.altabooks.com.br — altabooks@altabooks.com.br
EDITORA   www.facebook.com/altabooks — www.instagram.com/altabooks

Para os fiéis instrutores certificados da TalentSmart® e todos os participantes do programa.

A paixão de vocês é o sopro de vida que originou este livro.

As pessoas a seguir contribuíram enormemente para este livro.

Sue DeLazaro

Melissa Monday

Jean Riley

Lac D. Su

Nick Tasler

Eric Thomas

Lindsey Zan

SUMÁRIO

Prefácio de Patrick Lencioni	IX
1. A jornada	1
2. Uma visão geral	13
3. O que é a inteligência emocional: as quatro habilidades	23
4. Uma visão aprofundada: um plano de ação para reforçar sua inteligência emocional	53
5. Estratégias de autoconsciência	63
6. Estratégias de autogestão	89
7. Estratégias de consciência social	123
8. Estratégias de gestão de relacionamentos	159
Epílogo – os fatos: uma análise das mais recentes descobertas sobre a inteligência emocional	199
Perguntas para discussão em grupos de leitura	221
Notas	225

PREFÁCIO

Grau de escolaridade. Experiência. Conhecimento ou capacidade intelectual. Nenhum desses fatores serve como bom fator preditivo para explicar o sucesso ou o fracasso de uma pessoa. Alguma outra coisa está acontecendo, e a sociedade não parece estar conseguindo explicar.

Vemos exemplos disso todos os dias em nosso trabalho, nosso lar, nossas igrejas, nossas escolas e nossos bairros. Vemos pessoas aparentemente brilhantes e instruídas lutando para sobreviver, enquanto outras, que parecem ter menos habilidades ou atributos, atingem o sucesso. Por que será que isso acontece?

A resposta quase sempre tem a ver com o conceito da inteligência emocional. Embora a inteligência emocional seja mais difícil de identificar e mensurar que o QI ou a experiência e ser difícil de expressar em um currículo, sua influência não pode ser negada.

A essa altura, todo mundo já sabe disso. Já faz um bom tempo que as pessoas vêm falando da inteligência emocional, mas de alguma forma elas não têm conseguido se beneficiar de seu poder. Afinal, nós, como uma sociedade, continuamos focando a maior parte das nossas tentativas de aperfeiçoamento na busca de conhecimento, experiência, inteligência e instrução. Essa abordagem não teria problema algum se pudéssemos afirmar, com toda a honestidade, que conhecemos plenamente as nossas emoções, para não falar das emoções alheias, e sabemos como as nossas emoções afetam nossa vida todos os dias.

Acho que a explicação para essa diferença entre a popularidade do conceito da inteligência emocional e sua aplicação prática na sociedade pode ser dividida em duas partes. Em primeiro lugar, as pessoas simplesmente não entendem o conceito. Muitas vezes confundimos a inteligência emocional com alguma forma de carisma ou o instinto gregário. Em segundo lugar, tendemos a acreditar que é impossível melhorar a nossa inteligência emocional. A pessoa nasce ou não emocionalmente inteligente e ponto final.

É por isso que este livro é tão importante. Quando entendemos o que a inteligência emocional de fato é e aprendemos a administrá-la no nosso dia a dia, podemos começar a nos beneficiar de toda a inteligência, instrução e experiência que acumulamos em todos esses anos.

Você pode ter passado anos refletindo sobre a inteligência emocional ou pode não saber nada a respeito, mas, de qualquer maneira, esta obra poderá revolucionar sua visão de sucesso. Você vai querer ler este livro duas vezes.

Patrick Lencioni,
autor de *Os 5 desafios das equipes*
e presidente do Table Group

1

A JORNADA

Butch Connor saiu de sua picape e pisou na areia da praia Salmon Creek sob o sol quente da Califórnia. Era o primeiro dia de um fim de semana prolongado e uma manhã perfeita para pegar uma onda. Muitos outros surfistas locais tiveram a mesma ideia naquela manhã e, depois de uma meia hora, Butch decidiu deixar a multidão para trás. Com movimentos longos e profundos dos braços na água, ele se afastou da aglomeração na direção de uma praia onde ele poderia pegar algumas ondas longe do agito.

Quando se distanciou uns bons 40 metros dos outros surfistas, Butch sentou-se na prancha, indo para cima e para baixo com o movimento do mar enquanto esperava uma onda de seu agrado. Uma bela onda verde-azulada começou a se formar ao se aproximar da praia e, quando Butch se deitou na prancha para pegar a onda, um ruído alto na água atrás dele lhe chamou a atenção. Butch olhou para trás por cima do ombro direito e congelou horrorizado com a visão de uma barbatana dorsal cinza de mais de 30 centímetros cortando a água em sua direção. Os músculos de Butch se enrijeceram e ele ficou parado lá, em pânico, sem conseguir respirar direito. Todos seus sentidos se focaram no ambiente. Ele conseguia ouvir seu coração batendo forte enquanto observava o sol reluzindo na superfície úmida da barbatana.

A onda que se aproximava se ergueu, revelando o pior pesadelo de Butch na superfície cintilante e translúcida do mar: um enorme tubarão-branco que se estendia quatro metros, do focinho à cauda. Paralisado pelo terror que corria em suas veias, Butch deixou a onda passar e, com ela, a possibilidade de pegar uma rápida carona para a segurança da praia. Agora eram só o tubarão e ele.

O tubarão nadou em um semicírculo e se aproximou de Butch com decisão. O predador passou lentamente pelo lado esquerdo de Butch, que ficou tão aterrorizado com a proximidade do enorme peixe que não notou que sua perna esquerda balançava perigosamente para fora da prancha, na água salgada e gelada. "Esse tubarão é enorme,

> A onda que se aproximava se ergueu, revelando o pior pesadelo de Butch na superfície cintilante e translúcida do mar: um enorme tubarão-branco que se estendia 4 metros, do focinho à cauda.

quase do tamanho do meu Fusca", Butch pensou enquanto a barbatana dorsal se aproximava. De repente, ele sentiu vontade de esticar a mão e tocar o tubarão. "Ele vai me matar de qualquer jeito. O que me impede de tocá-lo?"

O tubarão não lhe deu a oportunidade. Com uma mordida ruidosa das mandíbulas, o tubarão investiu com a cabeça por baixo da perna de Butch. A perna ficou por cima da enorme cabeça do tubarão, para fora da boca cavernosa, e caiu do outro lado da prancha, na água escura. Ao ver Butch chapinhando na água, o tubarão entrou em um frenesi espasmódico. O peixe gigantesco agitou a cabeça de um lado ao outro como um maníaco, enquanto abria e fechava as mandíbulas com um estalido. O grande tubarão branco não conseguiu acertar nenhuma mordida e só espirrou água com estardalhaço em todas as direções, enquanto se debatia furioso. Butch não deixou de notar a ironia de flutuar, sem nenhum arranhão, ao lado de uma máquina assassina de 1.500 quilos. E também não deixou de notar a fria realidade de que o grande predador tinha poucas chances de errar uma segunda vez. Ideias de fuga e sobrevivência encheram a cabeça de Butch tão rápida e completamente quanto o terror o acometera momentos antes.

O tubarão parou de morder e se pôs a nadar ao redor de Butch em pequenos círculos. Em vez de voltar a subir na prancha, Butch flutuou de barriga para baixo, com os braços segurando prancha. Ele girou a prancha acompanhando os movimentos do tubarão, usando-a como uma barreira improvisada entre ele e o peixe assassino. O medo de Butch se transformou em raiva, enquanto ele esperava a criatura atacar. O tubarão deu outra investida e Butch decidiu revidar. Ele apontou a extremidade pontuda da prancha para o tubarão que se aproximava. Quando o peixe tirou a cabeça para fora da água para dar a mordida, Butch enfiou o nariz da prancha nas fendas das brânquias do tubarão. O golpe levou o tubarão a se debater furiosamente na água mais uma vez. Butch subiu na prancha e gritou "Tubarão!" para a multidão de surfistas. O alerta de Butch e a visão do caldeirão turbulento de águas espumantes ao seu redor provocou uma debandada de surfistas na direção da terra firme.

Butch também remou em direção à segurança, mas o tubarão o impediu depois apenas algumas braçadas. O grande predador surgiu na superfície entre Butch e a praia e recomeçou a circundar sua presa. Butch chegou à terrível conclusão de que suas táticas evasivas só estavam adiando o inevitável e voltou a ser tomado de um terror paralisante. Butch ficou tremendo em sua prancha enquanto o tubarão nadava em círculos. Ele usou toda a coragem que tinha para apontar a ponta da prancha na direção do tubarão, mas estava aterrorizado demais para sair da prancha e usá-la como uma barreira.

Os pensamentos de Butch alternavam rapidamente entre terror e tristeza. Ele se perguntou o que seus três filhos fariam sem ele e quanto tempo sua namorada levaria até partir para a próxima. Ele queria viver. Ele queria fugir daquele monstro e, para isso, precisava se acalmar. Butch se convenceu de que o tubarão podia sentir seu medo como um cão raivoso. E decidiu que *devia* se controlar porque era seu medo que estava motivando o tubarão a atacar. Para a surpresa de Butch, seu corpo entendeu a mensagem. O tremor se aquietou, e o sangue voltou a seus braços e pernas. Ele se sentiu forte e pronto para nadar. E foi o que fez, dando braçadas na direção da praia. Uma forte corrente de retorno, puxando-o de volta para o mar, fez sua jornada para a praia levar enervantes cinco minutos dando braçadas feito um louco com a sensação de que o tubarão o perseguia e podia atacar a qualquer momento. Quando Butch chegou à praia, um grupo boquiaberto de surfistas e outros banhistas esperava por ele. Os surfistas agradeceram efusivamente pelo aviso e lhe deram tapinhas nas costas. Para Butch Connor, nunca foi tão bom pisar em terra firme.

QUANDO A RAZÃO ENTRA EM CONFLITO COM OS SENTIMENTOS

Butch e o grande tubarão-branco não eram os únicos travando uma batalha na água naquela manhã. Nas profundezas do cérebro de Butch, a razão lutava pelo controle do comportamento dele contra um violento ataque de intensas emoções. Na maior parte do tempo, os sentimentos preponderaram, o que em grande parte o prejudicou (o medo paralisante), mas, às vezes, o beneficiou (o golpe com a prancha, impelido pela raiva). Foi só com muito esforço que Butch se acalmou e, percebendo que o tubarão não se afastaria, conseguiu empreender a arriscada jornada até a praia, que salvou sua vida. Embora a maioria de nós nunca vai ter de lutar com um grande tubarão branco, o nosso cérebro trava uma batalha como a de Butch todos os dias.

O desafio diário de lidar de maneira eficaz com as emoções é crucial para a condição humana porque o nosso cérebro é configurado para privilegiar as emoções. A coisa funciona assim: tudo o que percebemos pelos sentidos da visão, olfato, audição, paladar e tato passa pelo nosso corpo na forma de sinais elétricos. Esses sinais passam de uma célula à outra até atingir o destino final: o nosso cérebro. Eles entram no cérebro pela base, perto da medula espinhal, mas devem passar pelo lobo frontal (atrás da testa) antes de chegar ao local onde ocorre o pensamento racional e lógico. O problema é que, no caminho, eles passam pelo sistema límbico, onde as emoções são produzidas. Essa jornada nos leva a vivenciar as experiências pelas emoções antes de a razão poder entrar em ação.

A região racional do nosso cérebro (a parte frontal do cérebro) não tem como impedir a emoção "sentida" pelo sistema límbico, mas as duas regiões na verdade se afetam e se mantêm em constante comunicação. A comunicação entre o nosso "cérebro" emocional e o racional é a origem física da inteligência emocional.

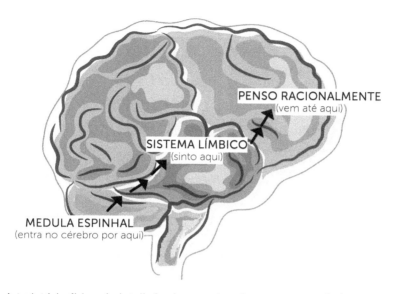

A trajetória física da inteligência emocional começa no cérebro, na medula espinhal. Os sentidos primários entram por aí e devem viajar até a parte frontal do nosso cérebro antes de podermos pensar racionalmente sobre a nossa experiência. Mas primeiro elas passam pelo sistema límbico, onde as emoções são sentidas. A inteligência emocional requer uma boa comunicação entre o centro racional e o centro emocional do cérebro.

Quando a inteligência emocional foi descoberta, o conceito serviu para explicar uma constatação peculiar: as pessoas com os níveis de inteligência (QI) mais elevados apresentam um desempenho superior em comparação com as pessoas de QI mediano apenas 20% das vezes, enquanto as pessoas com QI mediano apresentam um desempenho superior em comparação com as pessoas com alto QI 70% das vezes. Essa anomalia jogou areia no que muitas pessoas sempre presumiram ser a fonte do sucesso: o QI. Os cientistas perceberam que alguma outra variável, além do QI, deve explicar o sucesso, e anos de pesquisa e inúmeros estudos indicaram que a inteligência emocional (QE) deve ser o fator crítico.

Uma capa da revista *Time* e horas de cobertura televisiva apresentaram a inteligência emocional a milhões de leitores e expectadores, que ficaram sedentos para saber mais. Eles queriam saber como o QE funcionava e quem tinha inteligência emocional. E, ainda mais importante, queriam saber se elas mesmas eram emocionalmente inteligentes. Livros foram publicados para saciar essa sede, inclusive o *Desenvolva sua inteligência emocional**, de nossa autoria. Lançado em 2004, o livro *Desenvolva sua inteligência emocional* se distinguiu dos outros por incluir um código de acesso que permitia aos leitores fazer, na internet, o teste de QE mais popular do mundo, o *Emotional Intelligence Appraisal®*. O livro aplacou a curiosidade dos

> Pessoas com os níveis de inteligência (QI) mais elevados apresentam um desempenho superior em comparação com as pessoas de QI mediano apenas 20% das vezes, enquanto as pessoas com QI mediano apresentam um desempenho superior em comparação com as pessoas com alto QI 70% das vezes.

---

* BRADBERRY, Travis; GREAVES, Jean. *Desenvolva sua inteligência emocional*. Rio de Janeiro: Sextante, 2007.

leitores, esclarecendo os pormenores do QE e (graças ao teste) revelando uma nova perspectiva que não podia ser encontrada em outro lugar.

A abordagem apresentada em *Desenvolva sua inteligência emocional* foi um sucesso e o livro se tornou um best-seller instantâneo. O livro foi traduzido em 23 línguas e hoje pode ser encontrado em mais de 150 países.

Mas os tempos mudaram. O campo da inteligência emocional está se aproximando rapidamente de uma nova onda de esclarecimento: como podemos melhorar a nossa inteligência emocional e conquistar benefícios duradouros que podem deixar um profundo impacto positivo na nossa vida? Da mesma forma como conhecer a própria pontuação de QE era reservado a poucos privilegiados antes da publicação de *Desenvolva sua inteligência emocional,* só algumas poucas pessoas, em círculos isolados, aprendem como desenvolver a inteligência emocional. A nossa empresa treina centenas de pessoas todas as semanas para reforçar a inteligência emocional, mas, mesmo nesse ritmo, nós levaríamos 3.840 anos para cobrir todos os adultos que atualmente residem nos Estados Unidos! Estamos cientes de que, sem querer, deixamos de divulgar algumas importantes informações. Acreditamos que todos devem ter a chance de aumentar seu QE e decidimos escrever este livro para concretizar essa visão.

SUA JORNADA

O livro que você tem em mãos tem um objetivo: aumentar seu QE. Estas páginas farão muito mais do que explicar o conceito de inteligência e mostrar sua pontuação. Você aprenderá estratégias testadas e comprovadas que poderá começar a aplicar hoje mesmo para elevar seu QE a novas alturas. À medida que se transforma e incorpora novas habilidades à sua vida, você vai colher todos os benefícios que essa incrível capacidade humana tem a oferecer.

As 66 estratégias apresentadas neste livro são o resultado de muitos anos de testes meticulosos realizados com pessoas como você. Essas estratégias apresentam em detalhes o que você precisa dizer, fazer e pensar para aumentar seu QE. Para se beneficiar de tudo o que este livro tem a oferecer, você precisa saber onde focar sua atenção. O primeiro passo de sua jornada para desenvolver sua inteligência emocional é fazer a nova versão do teste *Emotional Intelligence Appraisal*® na internet. Fazer o teste agora lhe dará uma medida de referência para avaliar seu aperfeiçoamento à medida que você vai lendo e aprendendo. Com sua pontuação de QE em mãos, seu aprendizado passa a ir além de um mero exercício conceitual ou motivacional. Seu perfil de pontuação revela as habilidades de inteligência emocional que você precisa reforçar e identifica as estratégias individuais que vão ajudá-lo(a) a atingir esse objetivo. Esse é um novo recurso desta versão 2.0 e remove o fator de "adivinhação" da escolha das melhores estratégias para aumentar seu QE.

Medir seu QE agora é similar a aprender a dançar valsa com um parceiro. Se eu lhe descrever os passos de dança, você provavelmente vai aprender alguma coisa e pode até ter vontade de arriscar alguns passos. Se, enquanto eu lhe mostro como dançar a valsa, você for praticando cada passo com um parceiro, suas chances de lembrar os passos mais tarde, na pista de dança, aumentam exponencialmente. O perfil de QE resultante do teste *Emotional Intelligence Appraisal®* é o equivalente a um parceiro de dança no desenvolvimento dessas habilidades. Esse perfil vai lembrá-lo de onde você deve pisar a cada batida da música.

O seu relatório on-line inclui um sistema de monitoramento de metas que resume as habilidades que você almeja desenvolver e envia lembretes automáticos para ajudá-lo a manter o foco. As atividades de e-learning dão vida ao conceito de QE usando videoclipes retirados de filmes de Hollywood, da TV e de eventos do mundo real. Você também vai saber como sua pontuação se compara com a pontuação de outras pessoas que fizeram o teste.

Além de ter acesso às pontuações mais precisas possíveis, fazer o *Emotional Intelligence Appraisal®* agora lhe possibilitará ver como suas pontuações de QE vão aumentando com o tempo. Você pode fazer o teste duas vezes, uma vez agora e outra vez depois que teve tempo de praticar e adotar as estratégias apresentadas neste livro. Depois de fazer o teste uma segunda vez, seu relatório de feedback atualizado exibirá suas pontuações lado a lado e mostrará como você mudou e quais são os próximos passos para se beneficiar ainda mais de sua inteligência emocional.

As emoções podem ajudá-lo ou prejudicá-lo, mas você não tem qualquer controle sobre elas se não as conhecer antes. Convidamos você a dar início à sua jornada agora, porque sabemos que você também tem o potencial de conhecer e dominar suas emoções.

2

UMA VISÃO GERAL

Antes de entrarmos na análise das quatro habilidades de inteligência emocional no próximo capítulo, é interessante você se inteirar de algumas informações importantes sobre a inteligência emocional em geral. Na última década, testamos mais de 500 mil pessoas para investigar o papel das emoções na vida cotidiana. Aprendemos como as pessoas veem a si mesmas em comparação com o que os outros veem e analisamos como diferentes decisões afetam o sucesso pessoal e profissional.

Embora a inteligência emocional esteja chamando cada vez mais atenção, as pessoas em geral ainda têm muito a aprender no sentido de gerenciar as emoções. Só 36% das pessoas que testamos são capazes de identificar com precisão suas emoções assim que elas surgem. Isso significa que dois terços de nós, em geral, somos controlados pelas emoções e ainda não sabemos detectá-las e usá-las para o nosso benefício. Ninguém nos ensina na escola a nos conscientizar das emoções e a interpretar essas emoções. Entramos no mercado de trabalho sabendo ler, escrever e elaborar relatórios em determinados campos de conhecimento, mas normalmente não sabemos gerenciar as nossas emoções no calor do momento, quando enfrentamos grandes dificuldades. Precisamos de muito mais que um conhecimento meramente factual para tomar boas decisões. As boas decisões são tomadas quando sabemos aplicar o autoconhecimento e o domínio emocional quando mais precisamos deles.

Quando levamos em consideração toda a gama de emoções que expressamos, não é de se surpreender que sejamos dominados por elas. Temos incontáveis palavras para descrever os sentimentos que surgem na nossa vida, mas todas as emoções se originam de cinco sentimentos básicos: felicidade, tristeza, raiva, medo e vergonha. Na nossa vida cotidiana – seja trabalhando, curtindo a família ou os amigos, comendo, nos exercitando, relaxando ou até dormindo –, estamos sujeitos a um fluxo constante de emoções. É muito fácil esquecer que temos reações emocionais a quase tudo o que acontece na nossa vida, não importa se estamos ou não cientes desse fato. A complexidade dessas emoções se revela em suas variadas intensidades.

> Só 36% das pessoas que testamos são capazes de identificar com precisão suas emoções no momento em que elas surgem.

Intensidade dos Sentimentos	FELICIDADE	TRISTEZA	RAIVA	MEDO	VERGONHA
ALTA	Eufórico	Deprimido	Furioso	Aterrorizado	Pesaroso
	Animado	Atormentado	Enraivecido	Horrorizado	Arrependido
	Exultante	Solitário	Indignado	Paralisado de medo	Difamado
	Empolgado	Inconsolável	Encolerizado	Apavorado	Indigno
	Exuberante	Abatido	Irado	Temeroso	Desonrado
	Extático	Desesperançado	Colérico	Em pânico	Desacreditado
	Exaltado	Angustiado	Revoltado	Desvairado	Humilhado
	Arrebatado	Infeliz	Traído	Chocado	Criticado
MÉDIA	Alegre	Magoado	Zangado	Apreensivo	Escusatório
	Contente	Lúgubre	Enfezado	Assustado	Desmerecedor
	Bem	Perdido	Defensivo	Ameaçado	Dissimulado
	Aliviado	Pesaroso	Frustrado	Inseguro	Culpado
	Satisfeito	Prostrado	Agitado	Inquieto	Embaraçado
	Entusiasmado	Melancólico	Desgostoso	Intimidado	Reticente
BAIXA	Gratificado	Entristecido	Inquieto	Cauteloso	Acanhado
	Animado	Temperamental	Aborrecido	Nervoso	Ridículo
	Agradecido	Desanimado	Tenso	Preocupado	Arrependido
	Bem-disposto	Chateado	Resistente	Tímido	Constrangido
	Despreocupado	Desapontado	Irritado	Inseguro	Com pena de si mesmo
	Calmo	Insatisfeito	Irritadiço	Ansioso	Tolo

O cabeçalho da tabela mostra as cinco emoções principais. As manifestações das emoções, com base na intensidade sentida, são descritas abaixo das principais emoções.

DESENCADEADORES
E SEQUESTROS EMOCIONAIS

Quando Butch Connor estava sendo atacado pelo grande tubarão-branco, ele foi vítima de vários sequestros emocionais ou, em outras palavras, momentos nos quais as emoções assumiram o controle do comportamento dele e ele reagiu sem pensar. Normalmente, quanto mais intensas forem as nossas emoções, maiores são as chances de elas ditarem as nossas ações. Situações de vida ou morte, como ser atacado por um gigantesco predador, sem dúvida provocarão um sequestro emocional temporário.

No caso de Butch, os sequestros emocionais o deixaram paralisado pelo medo, mas, mesmo diante de um predador assassino, Butch conseguiu usar seus pensamentos para retomar o controle de suas emoções. Butch usou a lógica até se livrar da paralisia e se acalmar o suficiente para conseguir voltar à praia. Os pensamentos de Butch não fizeram seus sentimentos de medo e terror desaparecer, mas conseguiram impedir as emoções de sequestrar seu comportamento.

Como o nosso cérebro é configurado para fazer de nós criaturas emotivas, a nossa primeira reação a um evento sempre envolverá as emoções. Não temos qualquer controle sobre essa parte do processo. O que podemos controlar são os pensamentos que se seguem a uma emoção. Temos muita influência no modo como reagimos a uma emoção... se formos capazes de nos conscientizar dela. Algumas experiências geram emoções fáceis de identificar. Em outras ocasiões, contudo, podemos até achar que as emoções não estão presentes. Quando algum incidente leva a uma reação emocional prolongada, isso é chamado evento desencadeador. A nossa reação aos nossos desencadeadores depende da nossa história pessoal, que inclui as nossas experiências em situações semelhantes. À medida que as nossas habilidades de inteligência emocional se desenvolvem, aprendemos a identificar os nossos desencadeadores e praticar maneiras produtivas de reagir até elas se transformarem em hábitos.

AVALIANDO A PESSOA COMO UM TODO

A inteligência emocional é a nossa capacidade de reconhecer e entender as emoções em nós mesmos e nos outros e de usar essa conscientização para gerenciar os nossos comportamentos e relacionamentos. A inteligência emocional é o quê um tanto intangível que todos nós temos. Ela afeta o modo como administramos o comportamento, lidamos com complexidades sociais e tomamos decisões pessoais para atingir resultados positivos.

A inteligência emocional mobiliza um elemento fundamental do comportamento humano que é distinto do nosso intelecto. Ainda não encontraram qualquer ligação entre o QI e o QE. Em outras palavras, é simplesmente impossível prever o QE com base no QI de uma pessoa. A inteligência cognitiva, ou QI, não é flexível. O nosso QI, tirando algum evento traumático como uma lesão cerebral, é fixo desde o nosso nascimento. Não ficamos mais inteligentes, aprendendo novos fatos ou informações. A inteligência é a nossa *capacidade* de aprender e continua igual aos 15 nos e aos 50 anos. Já a inteligência emocional é uma habilidade flexível que pode ser aprendida. Embora seja verdade que algumas pessoas já nascem mais emocionalmente inteligentes que as outras, podemos desenvolver um QE elevado mesmo quando nascemos com um QE baixo.

A personalidade é a última peça do quebra-cabeças e se refere ao estilo constante que nos define. A nossa personalidade resulta das nossas preferências, como a tendência à introversão ou à extroversão. No entanto, da mesma forma como o QI, a personalidade não pode ser usada para prever a inteligência emocional. E, assim como o QI, a personalidade é estável ao longo da vida. Os traços de personalidade surgem cedo na vida e não desaparecem. Costumamos presumir que determinados traços de personalidade (como a extroversão) são associados a um QE mais elevado, mas os que preferem a companhia dos outros não são mais emocionalmente inteligentes do que os que preferem ficar sozinhos. Podemos usar a nossa personalidade para ajudar no desenvolvimento do nosso QE, mas o QE não depende da personalidade. O QE é uma habilidade flexível, enquanto a personalidade não muda. O QI, o QE e a personalidade, quando avaliados juntos, são a melhor maneira de obter uma visão da pessoa como um todo. Quando mensuramos os três fatores em uma única pessoa, não encontramos muita sobreposição entre eles. Pelo contrário, cada fator cobre uma área específica, que ajuda a explicar o comportamento da pessoa como um todo.

AVALIANDO A PESSOA COMO UM TODO

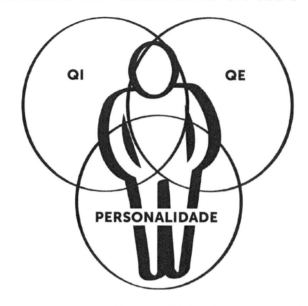

O QI, a personalidade e o QE são qualidades distintas que todos nós possuímos. Juntos, esses fatores determinam o modo como pensamos e agimos. É impossível prever um dos fatores com base no outro. As pessoas podem ser inteligentes, mas não emocionalmente inteligentes e pessoas com todos os tipos de personalidade podem ter um QE ou QI elevado. Das três, o QE é a única qualidade flexível e que podemos mudar.

O IMPACTO DO QE

Até que ponto a inteligência emocional pode influenciar o nosso sucesso no trabalho? A resposta, em resumo, é: *muito*! O desenvolvimento da inteligência emocional é uma excelente maneira de focar a nossa energia para atingir resultados espetaculares. A nossa equipe testou a inteligência emocional junto com 33 outras

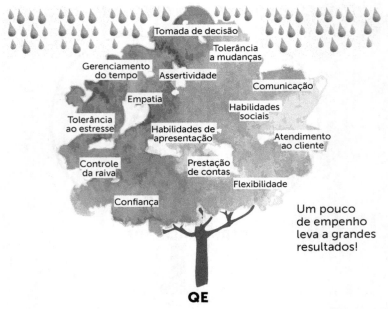

A inteligência emocional é a base de uma série de habilidades cruciais. Um pouco de esforço dedicado a aumentar o nosso QE tende resultar em um amplo e positivo impacto na nossa vida.

habilidades importantes e constatamos que a inteligência emocional inclui a maioria dessas habilidades, inclusive o gerenciamento do tempo, a tomada de decisão e a comunicação. A nossa inteligência emocional é a base de uma série de habilidades cruciais e afeta quase tudo o que dizemos e fazemos to-

A inteligência emocional é tão importante para o sucesso que responde por 58% do desempenho em todos os tipos de funções profissionais.

dos os dias. A inteligência emocional é tão importante para o sucesso que responde por 58% do desempenho em todos os tipos de funções no trabalho. É o maior fator preditivo do desempenho no trabalho e o mais importante impulsionador da liderança e da excelência pessoal.

Uma pessoa pode trabalhar para melhorar sua inteligência emocional independente de começar com um QE alto ou baixo, e as pessoas com baixo QE podem efetivamente desenvolvê-lo para alcançar os colegas. Uma pesquisa conduzida na Faculdade de Administração da Universidade de Queensland, na Austrália, revelou que pessoas com um baixo QE e um desempenho insatisfatório no trabalho podem se igualar aos colegas que se destacam nas duas medidas. Elas só precisam trabalhar para melhorar o QE.

Nas nossas pesquisas, verificamos que 90% dos colaboradores de alto desempenho também têm um QE elevado. Por outro lado, só 20% dos colaboradores de baixo desempenho têm um alto QE. Até é possível ter um bom desempenho sem ter um QE elevado, mas as

> A relação entre o QE e a renda é tão direta que cada ponto adicional no QE aumenta o salário anual em US$ 1.300.

chances são pequenas. As pessoas que desenvolvem o QE tendem a ter sucesso no trabalho porque os dois andam lado a lado. Como seria de se esperar, as pessoas com QE elevado ganham mais, totalizando uma média de US$ 29 mil a mais por ano do que as pessoas com baixo QE. A relação entre o QE e a renda é tão direta que cada ponto adicional no QE aumenta o salário anual em US$ 1.300. Essas constatações se aplicam a trabalhadores de todos os setores, de todos os níveis, em todas as regiões do mundo. Ainda não conseguimos encontrar uma função profissional na qual o desempenho e a remuneração não tenham uma relação estreita com o QE.

Nos dias de hoje, para conquistar o sucesso e a realização, precisamos aprender a maximizar as nossas habilidades de inteligência emocional, tendo em vista que as pessoas capazes de empregar um misto de razão e sentimento são as que atingem os melhores resultados. Neste livro você aprenderá como fazer isso.

3

O QUE É A INTELIGÊNCIA EMOCIONAL: AS QUATRO HABILIDADES

Para desenvolver as quatro habilidades de inteligência emocional, precisamos conhecê-las habilidades e saber como elas funcionam na prática. As quatro habilidades de inteligência emocional podem ser divididas em duas competências básicas: competência pessoal e competência social. A competência pessoal é composta das habilidades de autoconsciência e autogestão, que se concentram mais no indivíduo do que em suas interações com os outros. A competência pessoal é a nossa capacidade de nos manter cientes das nossas emoções e de gerenciar o nosso comportamento e as nossas tendências. Já a competência social é composta das habilidades da consciência

> Para desenvolver as quatro habilidades de inteligência emocional, precisamos conhecê-las e saber como elas funcionam na prática.

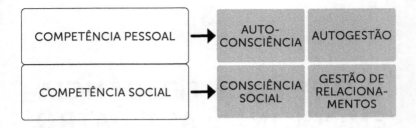

As quatro habilidades juntas compõem a inteligência emocional. As duas habilidades de cima, a autoconsciência e a autogestão, se referem mais ao indivíduo. As duas habilidades de baixo, a consciência social e a gestão de relacionamentos, se referem mais ao modo como o indivíduo se relaciona com os outros.

social e gestão de relacionamentos. A competência social é a nossa capacidade de reconhecer e entender o estado de espírito, o comportamento e as motivações dos outros para melhorar a qualidade dos nossos relacionamentos.

AUTOCONSCIÊNCIA

A autoconsciência é a nossa capacidade de notar as nossas próprias emoções no momento em que elas surgem e conhecer as nossas tendências em diferentes situações. A autoconsciência inclui nos manter atentos ao modo como costumamos reagir a determinados eventos, dificuldades e pessoas. É importante conhecer a fundo as nossas tendências, já que isso nos ajuda a entender rapidamente as nossas emoções. Para desenvolver uma boa autoconsciência, precisamos estar dispostos a tolerar o desconforto de nos concentrar em sentimentos que podem ser negativos.

A única maneira de realmente entender as nossas emoções é passar um bom tempo refletindo sobre elas para descobrir de onde elas vêm e por que elas surgiram. As emoções sempre têm um propósito. Por serem reações ao mundo que nos cerca, as nossas emoções sempre vêm de algum lugar. Muitas vezes parecem surgir do nada e é importante saber as razões que nos levam a reagir a alguma situação. As pessoas que conseguem fazer isso não demoram a chegar ao cerne de um sentimento. Situações que geram emoções fortes sempre exigirão mais reflexão, e esses períodos prolongados de autorreflexão muitas vezes nos impedem de fazer alguma coisa da qual nos arrependeríamos depois.

A autoconsciência não necessariamente implica descobrir segredos profundos e obscuros ou motivações inconscientes, mas, pelo contrário, resulta de desenvolver um entendimento direto e honesto das nossas motivações. As pessoas com grande capacidade de autoconsciência sabem, com extraordinária clareza, o que elas fazem bem, o que as motiva e as satisfaz e quais pessoas e situações lhes provocam reações intensas.

O mais surpreendente na jornada do desenvolvimento da autoconsciência é que o simples fato de pensar a respeito já nos ajuda a melhorar essa habilidade, apesar da nossa tendência inicial de nos focar mais no que fazemos de errado. Uma pessoa autoconsciente é uma pessoa que não tem medo de seus erros emocionais. Afinal, esses erros nos mostram o que deveríamos mudar e nos proporcionam um fluxo constante de informações que podemos utilizar para nos conhecer melhor.

A autoconsciência é uma habilidade básica. A pessoa autoconsciente tem muito mais facilidade de usar as outras habilidades de inteligência emocional. À medida que desenvolvemos a autoconsciência, a nossa satisfação com a vida – ou, em outras palavras, a nossa capacidade de atingir as nossas metas profissionais e pessoais – decola. A autoconsciência é tão importante para o desempenho no trabalho que 83% das pessoas com um alto nível de autoconsciência apresentam um desempenho superior e apenas 2% das pessoas com um desempenho insatisfatório no trabalho apresentam altos níveis de autoconsciência. Isso acontece porque uma pessoa autoconsciente tem muito mais chances de se concentrar nas oportunidades certas, aplicar seus pontos fortes no trabalho e, talvez o mais importante, impedir que as emoções impeçam seu progresso.

O mundo nunca precisou tanto de pessoas autoconscientes. Com base na noção equivocada de que a psicologia lida exclusivamente com patologias, presumimos que só aprendemos sobre nós mesmos em momentos de crise. Tendemos a receber de braços abertos coisas com as quais nos sentimos à vontade e ignorar o que nos incomoda. Mas na verdade nos beneficiaríamos mais de conhecer a situação como um todo. Quanto mais formos capazes de conhecer tanto a beleza quanto as deformidades, maior será a nossa capacidade de atingir o nosso pleno potencial.

EXEMPLOS DE AUTOCONSCIÊNCIA EFICAZ

Dave T., gerente regional de atendimento ao cliente
Pontuação de autoconsciência = 95 *

O que os colegas dele dizem:
"Dave tem metas claras para o futuro e não sacrifica os resultados imediatos. Ele é um cara franco, que não fica fazendo 'joguinhos psicológicos' com as pessoas. Sou testemunha disso em reuniões internas e em reuniões com os clientes."

"O melhor exemplo que posso dar é de quando Dave entrou na empresa. Ficou claro que ele queria mudar a equipe logo de cara, mas Dave tomou o cuidado de diagnosticar a situação, a equipe e o cliente antes de dar sugestões ou impor mudanças."

"Em resumo, Dave sabe controlar as emoções e não se deixa controlar por elas. Eu vi Dave receber más notícias no escritório e não esboçar qualquer reação além de um rápido franzir das sobrancelhas. Ele supera rapidamente a reação inicial e se põe a trabalhar com sua equipe para encontrar soluções para melhorar a situação."

* Pontuações na escala de 1 a 100 pontos do teste *Emotional Intelligence Appraisal*®. As pontuações e os comentários dos colegas são reais, embora os nomes e outras informações tenham sido alterados para proteger a identidade das pessoas.

Maria M., gerente de recursos humanos
Pontuação de autoconsciência = 90

O que os colegas dela dizem:
"Em todas as situações que presenciei, boas ou más, Maria sempre se manteve calma, tranquila e controlada. Até em momentos em que eu sei que ela deve ter ficado frustrada ou furiosa. Maria é muito franca sobre seus sentimentos e não se deixa controlar pelas emoções. Diante de uma situação difícil, ela sabe ser firme, mas delicada ao mesmo tempo."

"Ela é sempre aberta e sincera, o que é muito importante para as pessoas com quem ela interage. Minha sugestão é que Maria continue assim. Mas em alguns casos, ela pode endurecer um pouco antes da hora. Ela sabe disso e fica atenta para tentar evitar o problema."

"Em situações difíceis com os colaboradores, Maria sempre é muito ciente de seu tom de voz e tenta manter um bom nível de diálogo. As pessoas da empresa confiam muito nela."

EXEMPLOS DE
AUTOCONSCIÊNCIA INSUFICIENTE

Tina J., gerente de marketing
Pontuação de autoconsciência = 69

O que os colegas dela dizem:
"Às vezes, Tina impõe seu estresse e senso de urgência aos outros. Seria bom se ela soubesse como seu comportamento afeta o trabalho e o estresse emocional das pessoas. Além disso, às vezes ela dá a impressão de ser defensiva ou agressiva e seria interessante se ela se conscientizasse mais de seu tom de voz e linguagem."

"Quando as coisas vão bem para Tina, suas habilidades de inteligência emocional são mais fortes. Ela precisa aprender a se conhecer melhor e reconhecer seus desencadeadores para reagir melhor às situações desencadeadoras."

"Ela precisa se conscientizar de como as pessoas a veem. Ela pode dar a impressão de ser rigorosa demais, mas não acho que ela queira dar essa impressão."

Giles B., diretor de operações
Pontuação de autoconsciência = 67

O que os colegas dele dizem:
"Giles vive enfiado no 'mundinho' dele. Dá para notar que ele se importa com os colegas, mas ele parece desconhecer os próprios limites. A personalidade dele pode ser dominadora e ele não percebe quando os outros estão irritados, frustrados ou se sentindo dominados por ele."

"Quando trabalha com os clientes, ele é excelente ao falar sobre os produtos e serviços da empresa. Em projetos em grupo, às vezes ele fica tão focado nos resultados que deixa o processo de lado. Seria mais tranquilo se ele conseguisse dar uma parada e se acalmar um pouco e desse uma olhada nas opções para atingir o resultado desejado."

"Giles se entusiasma com o trabalho. Às vezes, esse entusiasmo todo acaba atrapalhando. Ele pode não perceber que eu estou ocupado antes de me interromper e começar a falar comigo. Quando está empolgado, ele não deixa ninguém falar e é difícil entrar na conversa. Não é de propósito. Ele só se empolga demais."

AUTOGESTÃO

A autogestão é o que acontece quando agimos... ou deixamos de agir. Ela depende da nossa autoconsciência e é a segunda grande parte da competência pessoal. A autogestão é a nossa capacidade de usar a conscientização das nossas emoções para nos manter flexíveis e direcionar o nosso comportamento de forma positiva. Isso implica gerenciar as nossas reações emocionais a diferentes situações e pessoas. Algumas emoções levam a um medo paralisante que nos dificulta pensar com clareza, a ponto de não sabermos o que fazer... se é que deveríamos, de fato, fazer alguma coisa. Nesses casos, a autogestão se revela na nossa capacidade de tolerar a incerteza à medida que exploramos as nossas emoções e opções. Quando entendemos os nossos sentimentos e ficamos mais à vontade com eles, sabemos o que deve ser feito.

A autogestão é mais do que resistir a expressar um comportamento explosivo ou problemático. A maior dificuldade que as pessoas costumam ter é administrar suas tendências ao longo do tempo e aplicar suas habilidades em uma variedade de situações. Oportunidades claras e momentâneas de autocontrole (por exemplo, "Esse maldito cachorro está me tirando do sério!") são as mais fáceis de identificar e administrar. Vale muito a pena

> Vale muito a pena adiar as nossas necessidades imediatas para nos dedicar a metas mais importantes.

adiar as nossas necessidades imediatas para nos dedicar a metas mais importantes. Costuma levar um tempo para atingir as nossas metas, e uma implicação disso é que o nosso compromisso com a autogestão será testado vez após vez. As pessoas com uma boa capacidade de autogestão conseguem avaliar com clareza a situação sem ceder às tentações. As pessoas capazes de postergar a satisfação de suas necessidades imediatas e gerenciar continuamente as próprias tendências têm mais chances de conquistar o sucesso.

EXEMPLOS DE AUTOGESTÃO EFICAZ

Lane L., administradora da área da saúde
Pontuação de autogestão = 93

O que os colegas dela dizem:
"Lane é um modelo de paciência e compreensão em discussões acaloradas e reuniões emocionalmente carregadas. Enquanto os outros perdem a calma, Lane ouve o que está sendo dito e age com conhecimento e sabedoria."

"Vi com os meus próprios olhos como ela sabe lidar com situações difíceis (como a demissão de um colaborador). Lane é sensível, mas sua postura também é direta e pertinente para a situação. Ela ouve com paciência e dá o exemplo de um alto padrão de conduta."

"Lane é excelente em conversas individuais. Ela se comunica bem e tem um raciocínio rápido. Reage muito bem em crises. Sua capacidade de separar as emoções da razão a torna uma excelente gestora tática. Gostaria que todos os outros gestores fossem como ela."

Yeshe M., programador
Pontuação de autogestão = 91

O que os colegas dele dizem:
"Yeshe lida muito bem com situações estressantes e que envolvem confrontos. Os gerentes de projeto podem pressionar Yeshe o quanto quiserem, mas ele nunca perde a calma! Por esse motivo, ele conquistou muita credibilidade entre os gerentes de projeto. Ele também consegue trabalhar em equipe mesmo quando não é muito fã do estilo de trabalho de algum colega. Sei que às vezes pode ser frustrante trabalhar com certas pessoas, mas Yeshe nunca perde a paciência."

"Já vi Yeshe em uma situação absolutamente frustrante, quando ele não conseguia trabalhar porque os outros estavam fazendo corpo mole. Ele lidou com a situação com cortesia e profissionalismo. Apesar da irritação, ele conseguiu explicar de novo o procedimento para a equipe chegar à melhor solução possível."

"Nunca ouvi Yeshe falar mal de alguém que tivesse uma opinião ou ideia diferente dele. Todo mundo fala pelas costas dos outros aqui, e ele não cede à tentação, mesmo quando tem uma opinião forte sobre alguma coisa."

EXEMPLOS DE AUTOGESTÃO INSUFICIENTE

Jason L., consultor de informática
Pontuação de autogestão = 59

O que os colegas dele dizem:
"Em situações estressantes, ou quando alguma coisa dá errado, Jason às vezes tem uma reação rápida demais, intensa demais ou desconexa demais. Seria bom se Jason conseguisse dar uma parada para se acalmar e desacelerar antes de reagir. Ele se deixa levar demais pelas emoções. Vi colegas dele indignados com o jeito como ele falou com eles. Jason tem boas intenções, mas pode entrar em pânico em situações de estresse. As reações dele acabam afetando os colegas de equipe."

"Jason deveria se conscientizar mais de suas explosões verbais e de como elas afetam tanto os clientes quanto os colegas. Ele não é um cara cruel. Ele se importa com eles e esses lapsos verbais não passam disso: explosões que ele deveria ponderar antes de expressar. Essas explosões acontecem mais quando ele está estressado... ele deveria ser capaz de se controlar mais nessas situações."

"Jason deixa as emoções controlarem seu comportamento. Às vezes ele age ou fala sem pensar. Seria bom se ele fosse um pouco mais paciente e esperasse um pouco para ver o que acontece antes de reagir. Muitas situações se resolvem por conta própria ou nem são assim tão urgentes quanto ele acha que são, mas de repente lá está ele, todo agitado, atirando para todos os lados."

Mei S., diretora regional de vendas
Pontuação de autogestão = 61

O que os colegas dela dizem:
"Mei precisa ser menos franca. A equipe dela não precisa saber de todas as bobagens que dizem na matriz. Se ela se aborrece com alguma coisa, ela precisa aprender a não sair por aí falando com todo mundo. Quando ela está descontente, a nossa equipe inteira acaba descontente também. Mei tende a se estressar demais em certas situações e, por ela ser uma líder, isso prejudica a equipe, aumentando, em vez de diminuir, o estresse e a negatividade."

"Mei acha difícil elogiar a equipe pelas conquistas e essa atitude dá a impressão de inveja. Parece que ela está competindo comigo e não que ela quer que eu tenha sucesso. Acho que Mei é uma excelente profissional de vendas e ela trata bem os clientes. Eu gostaria que ela desse o mesmo tratamento aos colaboradores."

"Mei precisa ser proativa em vez de reativa. Em momentos de crise, ela não deveria dar vazão ao estresse na frente de todo mundo. Ela é tão focada e motivada para subir na empresa que pode assumir responsabilidades demais. Ela já está atolada de trabalho liderando a equipe da Costa Oeste. E seria bom se ela aprendesse a conter suas emoções quando as pessoas desabafam sobre os próprios problemas nas reuniões."

CONSCIÊNCIA SOCIAL

A consciência social, o primeiro componente da competência social, é uma habilidade básica. A consciência social é a nossa capacidade de reconhecer as emoções dos outros e saber o que de fato está se passando com as pessoas. Em geral, isso implica notar o que os outros estão pensando e sentindo, mesmo quando não concordamos com eles. É fácil nos deixar dominar pelas nossas próprias emoções e nos esquecer de levar em consideração o ponto de vista do outro. A consciência social nos mantém focados e nos possibilita notar informações importantes.

A escuta e a observação são os principais elementos da consciência social. Para ouvir bem e notar o que está acontecendo ao nosso redor, temos de parar de fazer muitas coisas que gostamos de fazer. Temos de parar de falar, parar o monólogo que pode estar se passando na nossa cabeça, parar de tentar adivinhar o que o outro está tentando dizer e parar de nos antecipar pensando no que vamos dizer em seguida. Requer prática realmente observar as pessoas quando interagimos com elas e ter uma boa noção do que elas estão pensando e sentindo. É como se fôssemos antropólogos. Os antropólogos observam os outros em seu estado natural, sem deixar que os próprios pensamentos e sentimentos afetem a observação. Essa é a consciência social em sua forma mais pura. A diferença é que você não estará a 100 metros de distância observando o desenrolar dos acontecimentos através de um par de binóculos. Para ser socialmente consciente, você precisa identificar e entender as emoções das pessoas enquanto está bem ali, no meio da ação, como um participante que contribui com a interação e ao mesmo tempo se mantém muito ciente do que está se passando.

EXEMPLOS DE CONSCIÊNCIA SOCIAL EFICAZ

Alfonso J., gerente de vendas
da indústria farmacêutica
Pontuação de consciência social = 96

O que os colegas dele dizem:
"Alfonso tem o raro talento de saber interpretar muito bem as emoções dos outros. Ele se adapta a diferentes situações e consegue formar relacionamentos com praticamente qualquer pessoa. Bons exemplos disso são jantares, reuniões e quando ele sai para acompanhar os representantes em visitas aos clientes."

"Alfonso é excelente em entender as frustrações dos representantes com outros departamentos da empresa. Ele está sempre cuidando dos representantes e tem a capacidade de se colocar na pele deles e identificar o problema na situação. As pessoas são muito leais a Alfonso."

"Alfonso sabe reconhecer bem as emoções de seus representantes quanto aos resultados mensais e anuais e consegue tirar o máximo de sua equipe. Ele é excelente em firmar relacionamentos com cirurgiões nos jantares porque sabe como conduzir a conversas sem que os cirurgiões se sintam manipulados."

Maya S., executiva de desenvolvimento organizacional
Pontuação de consciência social = 92

O que os colegas dela dizem:
"Maya tem uma capacidade incrível de identificar e confrontar aqueles problemas que todo mundo prefere não mencionar. Ela leva em consideração os sentimentos das pessoas quando precisa dar más notícias à equipe. Ela pensa em como os outros estão se sentindo e adapta seu estilo de comunicação para facilitar a resolução do problema. Maya forma relacionamentos pessoais com as pessoas para entender melhor o ponto de vista delas e trabalhar bem com elas."

"Maya se destaca nas reuniões executivas, ouvindo respeitosamente os colegas e só depois dando sua opinião. Ela realmente se interessa em entender as pessoas e lhes dá sugestões e opiniões com base no que eles estão dizendo ou fazendo. Ela é muito boa em desenvolver equipes, fortalecendo os vínculos entre os membros da equipe."

"Maya é a 'ouvinte ativa' mais eficaz que eu já vi. Ela sabe contextualizar bem os comentários para todo mundo entender bem o que ela quer dizer. Ela trata os outros com respeito e ao mesmo tempo consegue impor sua autoridade. Maya motiva e inspira as pessoas. Ela é capaz de inspirar as pessoas e deixar todo mundo à vontade."

EXEMPLOS DE CONSCIÊNCIA SOCIAL INSUFICIENTE

Craig C., advogado
Pontuação de consciência social = 55

O que os colegas dele dizem:
"Craig precisa parar de criticar as ideias dos outros, mesmo quando ele tem um plano melhor. Ele também precisa ser mais paciente e deixar as pessoas seguirem os próprios planos, igualmente eficazes, mesmo se os planos dele forem diferentes. Eu gostaria que ele tentasse saber o que as pessoas estão sentindo e pensando e ponderasse as situações antes de querer expressar sua opinião ou apresentar soluções."

"Craig precisa ouvir mais. Ele precisa prestar atenção ao que está sendo dito em vez de só pensar no que ele quer dizer. Fica muito claro na linguagem corporal dele que ele não está ouvindo e as pessoas acabam ficando contrariadas. Ele também não sabe representar as ideias alheias com precisão."

"Craig não gosta de socializar. Ele é tão focado no trabalho que às vezes parece que ele não tem interesse algum em saber o que está se passando com uma pessoa. Quando ele tem novas ideias (ou ideias de sua empresa anterior), ele tem dificuldade de explicá-las para convencer sua equipe a aceitá-las. Craig deveria aprender a ouvir os outros com os ouvidos e com o coração. Ele parece pouco disposto a aceitar os pontos de vista dos outros ou incluir as opiniões e sugestões das pessoas em suas decisões."

Rachel M., gerente de projeto
Pontuação de consciência social = 62

"Nas reuniões, Rachel só se interessa pelos fatos técnicos. Ela é cega para o estado de espírito dos participantes e para o modo como as opiniões evoluem. Rachel precisa aprender a se sintonizar com o lado humano e não técnico das reuniões e estudar as pessoas e seus sentimentos."

"Rachel tende a se concentrar em uma questão específica e acaba perdendo de vista o quadro geral. Isso pode frustrar a equipe. Ela costuma não perceber as nossas reações. Ela deveria pedir a opinião de todos os participantes da reunião para ter uma ideia geral da situação antes de se prender aos detalhes do projeto. Ela se beneficiaria mais de começar abordando a questão em termos gerais em vez de direcionar, de cara, as pessoas aos detalhes."

"Rachel às vezes fica tão presa nos próprios pensamentos durante as reuniões e conversas individuais que não dá ouvidos ao diálogo explícito, muito menos ao implícito. Ela acaba sendo menos eficaz porque não participa ativamente da conversa e perde oportunidades de influenciar o direcionamento da discussão. Rachel precisa se empenhar em levar em conta os interesses e os pontos de vista dos outros para poder influenciar ou pelo menos abordar diretamente a perspectiva dos outros. Ela também se beneficiaria de trabalhar na concisão e na objetividade das conversas. As pessoas podem perder o interesse ou ficar confusas durante as longas explicações dela ou quando ela não consegue transmitir a mensagem com clareza."

GESTÃO DE RELACIONAMENTOS

Embora a gestão de relacionamentos seja o segundo componente da competência social, essa habilidade em geral mobiliza as primeiras competências da inteligência emocional: autoconsciência, autogestão e consciência social. A gestão de relacionamentos é a nossa capacidade de usar a conscientização das nossas próprias emoções e das emoções alheias para gerenciar bem as interações. Isso garante uma comunicação clara e uma abordagem eficaz para os conflitos. A gestão de relacionamentos também inclui os vínculos que desenvolvemos com os outros ao longo do tempo. Quem sabe administrar bem os relacionamentos é capaz de ver os benefícios de formar vínculos com muitas pessoas diferentes mesmo sem gostar delas. Relacionamentos robustos devem ser buscados e cultivados e resultam da nossa capacidade de entender as pessoas, do modo como as tratamos e da história que compartilhamos com elas.

Quanto mais fracos forem os nossos vínculos com alguém, mais difícil fica comunicar nossas ideias. Se você quiser ser ouvido pelas pessoas, deve praticar a gestão de relacionamentos e procurar benefícios em todos os relacionamentos, especialmente os mais difíceis. A diferença entre uma interação e um relacionamento é uma questão de frequência, um produto da qualidade, da profundidade e do tempo que passamos interagindo com alguém.

A maioria das pessoas acha mais difícil gerenciar os relacionamentos em momentos estressantes. Mais de 70% das pessoas que testamos têm dificuldade de lidar com o estresse. Em vista disso, é fácil entender por que é tão difícil firmar relacionamentos de qualidade. Algumas das situações mais difíceis e estressantes que as pessoas enfrentam ocorrem no trabalho. Conflitos no trabalho tendem a envenenar os relacionamentos quando as pessoas evitam passivamente os problemas por não terem as habilidades necessárias para dar início a uma conversa direta e construtiva. Os conflitos no trabalho tendem a explodir quando as pessoas não administram sua raiva ou frustração e escolhem descontar nos outros. A gestão de relacionamentos nos proporciona as habilidades necessárias para evitar esses dois cenários e tirar o máximo proveito de cada interação com os outros.

EXEMPLOS DE GESTÃO DE RELACIONAMENTOS EFICAZ

Gail C., diretora financeira
Pontuação de gestão de relacionamentos = 95

O que os colegas dela dizem:
"Gail tem um talento nato de analisar as pessoas e as emoções dos outros e usa o que aprende para criar um ambiente seguro e convidativo para as pessoas falarem. Sempre que precisei dela, encontrei as portas de Gail abertas e ela sempre consegue manter uma atitude agradável e profissional, mesmo quando está atolada de trabalho. As pessoas sabem que podem contar com Gail, sabem que são respeitadas por ela e que ela jamais revelaria um segredo."

"Gail é muito sensível com os outros e está sempre tentando melhorar as situações. Quando vê que alguém está contrariado, ela faz perguntas para entender a situação e consegue dar conselhos concretos para ajudar a pessoa, que sempre sai se sentindo melhor. Você sai se sentindo inteligente e confiante quando Gail dá um feedback, mesmo se você cometeu um erro. Ela ajuda a equipe a melhorar e crescer e é um excelente exemplo de como tratar as pessoas de maneira assertiva e como dizer o que pensa."

"Até nas conversas mais difíceis Gail tentar manter um bom relacionamento com todas as partes envolvidas. Mesmo quando parece que as pessoas não têm nada em comum, Gail dá um jeito de encontrar algum interesse em comum e fazer uma pergunta a respeito em uma reunião. Gail tem um grande controle das próprias emoções e parece que sente o que os outros estão sentindo quando conversam com ela, o que ajuda as pessoas a acreditar que ela simpatiza com elas e as entende."

Allister B., médico
Pontuação de gestão de relacionamentos = 93

O que os colegas dele dizem:
"Allister é um ouvinte incrivelmente paciente e compreensivo e é por isso que os pacientes gostam tanto dele. Ele faz de tudo para ser imparcial e sempre dá às pessoas o benefício da dúvida. Ele mantém a mesma postura com os enfermeiros e técnicos. Já vi Allister em situações difíceis, quando a família de um paciente o botou contra a parede, e ele conseguiu manter a calma e responder as perguntas sem se indispor com as pessoas. Ele ouve com atenção o que os outros dizem e nunca demonstra irritação ou contrariedade. Ele fala com cortesia mas autoridade."

"Allister é um mestre na interação com as pessoas. Eu já o vi em situações em que ele ficou muito pouco satisfeito com algum resultado, mas mesmo assim ele sempre expressou sua opinião de maneira ponderada, comunicando suas expectativas sem se enfurecer ou explodir. Eu o descreveria como uma pessoa direta, mas sem entrar em confrontos ou parecer descontrolado. Ele também não hesita em elogiar o empenho e o sucesso da equipe quando é o caso. Ele sabe ver o quadro geral e dar orientações com um estilo compassivo e realista."

"Nunca aconteceu de eu sair de uma conversa com Allister me sentindo mal. Pelo contrário, eu sempre me sinto muito bem. Ele sabe quando abordar um problema com sensibilidade e sabe quando elogiar e encorajar as pessoas. Allister conhece muito bem os colegas, o que lhe permite lidar com os conflitos com calma e de um jeito positivo. Ele é respeitado por pedir a opinião e a sugestão de todos antes de tirar conclusões. Ele tenta encontrar a melhor maneira de se comunicar com os outros, mesmo em um clima de resistência, confusão ou conflito direto. Ele tem uma incrível empatia com as pessoas, o que cria relacionamentos positivos e fortes."

EXEMPLOS DE GESTÃO DE RELACIONAMENTOS INSUFICIENTE

Dave M., gerente de vendas
Pontuação de gestão de relacionamentos = 66

O que os colegas dele dizem:
"Se Dave não se dá bem com alguém, ele faz questão de deixar claro que para ele não vale a pena investir no relacionamento. Seria bom se, mesmo assim, ele ainda investisse o tempo e os recursos necessários no relacionamento, pelo menos para beneficiar a equipe. Quando acha que alguém pode não ser um aliado ou uma pessoa confiável, ele faz questão de deixar bem claro o que pensa sobre essa pessoa. Isso tem um efeito propagador sobre as pessoas e acaba com o espírito de camaradagem na equipe. Dave costuma ser eficaz quando tem a chance de conhecer melhor as pessoas e quando não se sente ameaçado por elas, mas ele vai precisar resolver esse problema se quiser avançar na empresa."

"Dave pode se entusiasmar muito quando conhece as pessoas, o que pode ser bom, mas algumas pessoas não reagem bem a esse entusiasmo todo e acabam se afastando dele. O que acaba acontecendo é que essas pessoas acham difícil formar vínculos com ele. Eu gostaria de ver Dave se empenhar para unir a equipe e combater o sentimento de que algumas decisões são tomadas com base apenas nas opiniões ou inclinações pessoais dele. Acontece muito de as pessoas sentirem que sua opinião profissional foi ignorada, mesmo quando elas apresentam bons argumentos."

"Dave tem uma atitude reativa às pessoas. Tudo bem ter uma opinião forte, mas não é bom rejeitar as ideias dos outros. Ele também precisa aprender a ajustar seu estilo de comunicação a seu interlocutor. A abordagem dele quase sempre é direta demais, e algumas pessoas podem achar difícil lidar com isso."

Natalie T., supervisora
Pontuação de gestão de relacionamentos = 69

O que os colegas dela dizem:
"Natalie normalmente menospreza o ponto de vista ou a experiência dos outros. Ela justifica os problemas dizendo que sempre poderia ser pior, que a pessoa não entende ou que a pessoa só deveria dar a volta por cima. Ela é vista como indelicada e pouco compreensiva, especialmente pelos colaboradores. Eu gostaria que ela fosse mais autêntica em suas interações com eles e demonstrasse que valoriza as pessoas."

"Natalie precisa parar de encontrar defeitos em todas as situações. Essa atitude cansa e desmotiva as pessoas. Ela precisa aprender a reconhecer as realizações das pessoas. Natalie ganhou fama de ser uma pessoa resistente, difícil e inacessível. Ela pode até atingir resultados, mas à custa dos outros."

"Eu gostaria que Natalie evitasse dizer coisas preconceituosas ou negativas à equipe ou às outras pessoas, uma vez que esses comentários não agregam valor algum. Mostrar às pessoas o que elas poderiam ter feito de outro jeito pode até ajudá-las a se desenvolver, mas os constantes feedbacks negativos de Natalie dão a impressão de que ela, de alguma forma, precisa menosprezar as pessoas. As pessoas deixaram de dar ouvidos às opiniões e sugestões dela e acham que ela só faz isso para provar que é superior aos outros."

4

UMA VISÃO APROFUNDADA: UM PLANO DE AÇÃO PARA REFORÇAR SUA INTELIGÊNCIA EMOCIONAL

As informações viajam entre o centro racional e o centro emocional do cérebro como os carros percorrem uma rua. Quando praticamos as habilidades de inteligência emocional, o tráfego flui sem percalços nos dois sentidos. Um tráfego mais intenso fortalece a conexão entre os centros racional e emocional do cérebro. O nosso QE é incrivelmente afetado pela nossa capacidade de manter o tráfego por essa via. Quanto mais você pensar sobre o que está sentindo, e fizer algo produtivo com esse sentimento, mais essa via se desenvolve. Alguns de nós avançam com dificuldade por uma estradinha de terra enquanto outros constroem uma super-rodovia de cinco pistas. Não importa se você pertence à primeira ou à segunda categoria, sempre é possível abrir mais pistas. Plasticidade é o termo que os neurologistas usam para descrever a capacidade do cérebro de mudar. O nosso cérebro cria novas conexões da mesma forma como o bíceps pode crescer se começarmos a levantar peso várias vezes por semana. A mudança é gradativa e vai ficando cada vez mais fácil levantar o peso à medida que mantemos a nossa rotina de exercícios. O nosso cérebro não pode crescer como o bíceps por estar dentro do crânio, de modo que as células do cérebro desenvolvem novas conexões para acelerar a eficiência do pensamento sem aumentar o tamanho do cérebro

À medida que você aplica as estratégias apresentadas nos capítulos a seguir para fortalecer suas habilidades de inteligência emocional, os bilhões de neurônios microscópicos no caminho entre os centros racional e emocional do seu cérebro vão se ramificando em pequenos braços (bem parecidos com galhos de uma árvore) para se conectar com as outras células. Uma única célula pode criar 15 mil conexões com as células vizinhas. Essa reação de crescimento em cadeia reforça a via do pensamento responsável pelo comportamento, fazendo que fique mais fácil acionar essa nova habilidade no futuro.

> Uma única célula pode criar 15 mil conexões com as células vizinhas. Essa reação de crescimento em cadeia reforça a via do pensamento responsável pelo comportamento, fazendo com que fique mais fácil acionar essa nova habilidade no futuro.

Será preciso praticar repetidamente as estratégias que veremos a seguir antes de incorporá-las. Pode ser incrivelmente difícil criar um novo comportamento, mas, se você for persistente no treinamento do cérebro, o comportamento desejado poderá se transformar em um hábito. Se você costuma gritar quando está com raiva, por exemplo, precisa aprender a escolher uma reação alternativa. Você deve praticar essa nova reação muitas vezes antes de ela substituir seu impulso de sair gritando. No começo, será extremamente difícil fazer qualquer outra coisa em vez de gritar quando você estiver com raiva. Mas a cada vez que você conseguir fazer isso, a nova via é reforçada. Com o tempo, o impulso de gritar ficará tão fraco que será fácil ignorar. Estudos demonstram uma mudança duradoura no QE, mais de seis anos depois que as novas competências foram adotadas.

O Plano de Ação da Inteligência Emocional que veremos a seguir vai ajudá-lo(a) a focar melhor sua energia à medida que você explora e aplica as estratégias de desenvolvimento da inteligência emocional apresentadas nos próximos capítulos. Siga os passos a seguir para executar seu Plano de Ação da Inteligência Emocional:

1. **Copie suas pontuações do teste *Emotional Intelligence Appraisal*® na primeira parte (Minha jornada começa aqui) do seu Plano de Ação da Inteligência Emocional, na página 56.** Pode escrever direto nas páginas deste livro se quiser.

2. **Escolha uma habilidade de inteligência emocional que você gostaria de melhorar.** A mente humana tem mais facilidade de se concentrar em uma habilidade de inteligência emocional de cada vez. Até os mais ambiciosos devem manter em mente que vale mais a pena se empenhar em melhorar uma única habilidade, já que outras habilidades de inteligência emocional tendem a pegar carona na habilidade que estiver sendo desenvolvida. Seu relatório de feedback do teste *Emotional Intelligence Appraisal*® recomendará uma habilidade para você começar. Você pode escolher qualquer outra habilidade que quiser, mas recomendamos não começar com a gestão de relacionamentos se sua pontuação for inferior a 75 em todas as quatro habilidades de inteligência emocional.

3. **Escolha três estratégias para começar a aplicar a habilidade escolhida.** O relatório de feedback do seu teste *Emotional Intelligence Appraisal*® recomenda estratégias específicas deste livro com base na análise de seu perfil de pontuação. Você pode escolher as recomendações que preferir ou escolher estratégias diferentes apresentadas no capítulo de estratégias para a habilidade escolhida.

4. **Escolha um mentor para o desenvolvimento de sua inteligência emocional.** Encontre alguém que tenha essa habilidade de inteligência emocional bem-desenvolvida e pergunte se ele(a) estaria disposto(a) a lhe dar feedback e orientação em intervalos regulares

no decorrer de sua jornada. Não deixe de marcar encontros regulares e anotar o nome da pessoa no seu plano de ação.

5. **Mantenha em mente os pontos a seguir à medida que aplica suas estratégias escolhidas:**
   a. **Espere o sucesso, não a perfeição.** Quando se trata do desenvolvimento de novas habilidades de inteligência emocional, atingir a perfeição significa que você não está se forçando o suficiente. Se quiser continuar melhorando, você vai precisar continuar se conscientizando das suas emoções assim que elas ameaçarem dominar seu comportamento.
   b. **Nunca deixe de praticar.** O segredo para melhorar suas habilidades de inteligência emocional é praticar muito. Pratique as estratégias que escolheu com a maior frequência possível, em uma variedade de situações e com todo tipo de pessoas.
   c. **Tenha paciência.** Ao trabalhar para aumentar seu QE, vai levar alguns meses antes de você perceber uma mudança duradoura. A maioria das pessoas começa a ver mudanças duradouras mensuráveis entre três e seis meses depois de começar a trabalhar em uma habilidade.

6. **Mensure seu progresso.** Quando você achar que fez progressos suficientes na habilidade de inteligência emocional que escolheu para a primeira parte do seu plano de ação, refaça o teste *Emotional Intelligence Appraisal*® na internet. Feito isso, preencha a segunda parte do plano de ação.

MEU PLANO DE AÇÃO DE INTELIGÊNCIA EMOCIONAL

Parte 1: Minha jornada começa aqui
Data da conclusão:
Anote abaixo sua pontuação no teste *Emotional Intelligence Appraisal*®.

Pontuação

QE geral: _____

Autoconsciência: _____

Autogestão: _____

Consciência social: _____

Gestão de relacionamentos: _____

Escolha uma habilidade de inteligência emocional e três estratégias
Das quatro habilidades de inteligência emocional básicas, em qual habilidade você gostaria de começar a trabalhar? Circule a habilidade escolhida na figura abaixo.

AUTOCONSCIÊNCIA	AUTOGESTÃO
CONSCIÊNCIA SOCIAL	GESTÃO DE RELACIONAMENTOS

Repasse as estratégias da habilidade de inteligência emocional escolhida e relacione abaixo até três estratégias que você pretende praticar.

1.

2.

3.

Meu mentor de inteligência emocional

Quem você conhece que se destaca na habilidade de inteligência emocional que você escolheu e que está disposto a lhe dar feedback e orientação ao longo de sua jornada?

Meu mentor de inteligência emocional é:

_____

Parte 2: Até onde minha jornada me levou
Data da conclusão:
Depois de refazer o teste *Emotional Intelligence Appraisal®*, anote abaixo a primeira e a segunda pontuação.

	Primeira pontuação	Segunda pontuação	+/- Diferença
QE geral:	_____	_____	_____
Autoconsciência:	_____	_____	_____
Autogestão:	_____	_____	_____
Consciência social:	_____	_____	_____
Gestão de relacionamentos:	_____	_____	_____

Escolha uma nova habilidade de inteligência emocional e três estratégias
Com base nos resultados do relatório de feedback do seu teste *Emotional Intelligence Appraisal®*, em qual habilidade de inteligência emocional você pretende se concentrar no futuro? Escolha uma nova habilidade de inteligência emocional e marque-a com um círculo na figura abaixo.

AUTOCONSCIÊNCIA	AUTOGESTÃO
CONSCIÊNCIA SOCIAL	GESTÃO DE RELACIONAMENTOS

Reveja as estratégias para a habilidade de inteligência emocional escolhida e relacione abaixo até três estratégias que você pretende praticar.

1.

2.

3.

Meu novo mentor de inteligência emocional

Quem você conhece que se destaca na nova habilidade de inteligência emocional que você escolheu e que está disposto a lhe dar feedback e orientação ao longo de sua jornada?

Meu novo mentor de inteligência emocional é:

_____

5

ESTRATÉGIAS DE AUTOCONSCIÊNCIA

Em poucas palavras, ser autoconsciente é saber quem você realmente é. No começo, a autoconsciência pode parecer um conceito um tanto quanto vago. Não existe uma linha de chegada que você pode cruzar para ganhar uma medalha e ser considerado uma pessoa autoconsciente. Ter consciência de si mesmo implica mais do que simplesmente saber que você produz mais de manhã do que à noite. É algo mais profundo que isso. Para conseguir se conhecer por completo, você precisa se manter em uma jornada contínua retirando as camadas da cebola e se familiarizando cada vez mais com o que vai encontrando no meio, a verdadeira essência de quem você é.

As reações emocionais a qualquer situação, evento ou pessoa, reações configuradas no seu cérebro, são acionadas antes mesmo de você ter a chance de reagir. Como não é possível deixar as emoções de fora da equação, a tarefa de gerenciar a si mesmo(a) e a seus relacionamentos implica, antes de mais nada, se conscientizar de todos seus sentimentos, tanto positivos quanto negativos.

Quando você nunca faz uma pausa para observar e analisar suas emoções, elas adquirem o estranho hábito de voltar à tona quando você menos esperar ou quiser. É assim que as emoções tentam chamar sua atenção para alguma coisa importante. Elas vão insistir e os danos vão se acumular até você notar.

Pode não ser nada agradável encarar a verdade sobre quem você é. É preciso ter franqueza e coragem para entrar em contato com suas emoções e tendências. Seja paciente e não deixe de reconhecer até os menores progressos. Quando você começar a perceber coisas sobre si mesmo(a) que não percebia antes (coisas das quais você nem sempre vai gostar), isso será um sinal de que você está progredindo.

Este capítulo apresenta 15 estratégias elaboradas para ajudá-lo(a) a maximizar sua autoconsciência e criar mudanças positivas na sua vida. As estratégias são simples e repletas de comentários e exemplos que vão ajudá-lo(a) a desenvolver sua autoconsciência.

ESTRATÉGIAS DE AUTOCONSCIÊNCIA

1. Pare de rotular seus sentimentos como bons ou ruins.

2. Note o efeito propagador de suas emoções.

3. Enfrente seu desconforto.

4. Sinta as emoções no seu corpo.

5. Saiba quem e o que costuma irritá-lo(a).

6. Observe a si mesmo(a) como um falcão.

7. Anote suas emoções em um diário.

8. Não se deixe iludir pelo desânimo.

9. Também não se deixe iludir pela empolgação.

10. Pare e se pergunte por que você faz as coisas que faz.

11. Reveja seus valores.

12. Faça check-ups constantes.

13. Identifique suas emoções em livros, filmes e músicas.

14. Peça a opinião dos outros.

15. Conheça a si mesmo(a) em situações de estresse.

1 PARE DE ROTULAR SEUS SENTIMENTOS COMO BONS OU RUINS

É da natureza humana colocar as emoções em duas categorias simples e fáceis: as boas emoções e as emoções ruins. Por exemplo, a maioria das pessoas automaticamente classificaria a culpa como uma emoção *ruim*. Ninguém gosta de se sentir culpado (as pessoas até podem se martirizar por se sentirem culpadas) e normalmente fazemos o possível para nos livrar desse sentimento. Da mesma forma, tendemos a deixar as emoções *boas*, como a empolgação, correrem soltas. Nós nos estimulamos com essa energia e nos alimentamos dela.

A desvantagem de rotular suas emoções é que isso o impede de conhecer a fundo seus sentimentos. Quando você se permitir sentir uma emoção a fundo e se conscientizar plenamente dela, pode descobrir as causas da emoção. Quando deixamos de rotular as emoções, elas têm a chance de se consumir e se exaurir completamente. Ficar julgando se você deveria ou não sentir o que está sentindo só provoca ainda mais emoções e impede o sentimento original de ir até o fim e se consumir por completo.

> Quando deixamos de rotular as emoções, elas têm a chance de se consumir e se exaurir completamente.

Então, da próxima vez que você sentir que uma emoção está começando a surgir, pare imediatamente para observá-la. Evite classificar a emoção como boa ou ruim e lembre que o sentimento está lá para ajudá-lo(a) a entender algo importante.

2 NOTE O EFEITO PROPAGADOR DE SUAS EMOÇÕES

Pare para pensar no que acontece quando jogamos uma pedra na água. A pedra cai rapidamente e perfura a superfície da água, propagando ondulações em todas as direções. As nossas efusões de emoção são como pedras que enviam ondas que se propagam pelas pessoas da nossa vida. Como as emoções são os principais motivadores do nosso comportamento, é importante conhecer o efeito que elas têm sobre os outros.

Digamos que um gerente perde a calma e repreende severamente um colaborador na frente da equipe. No momento da explosão, pode parecer que o alvo da fúria do gerente é aquele colaborador, que sai magoado ou ofendido, mas o efeito propagador da explosão do gerente afeta todos os que estavam presentes. Quando os outros membros da equipe saem da reunião e voltam desmoralizados às suas mesas, as pessoas que os veem também são afetadas pela ira do gerente. Elas voltam ao trabalho com o coração apertado, se perguntando quando o gerente vai voltar sua ira contra elas.

O gerente acha que sua explosão vai aumentar a produtividade, porque as pessoas vão morrer de medo de errar, mas o medo logo se transforma em cautela. Para atingir seu melhor desempenho, as pessoas precisam correr riscos, sair da zona de conforto e até cometer alguns erros pelo caminho. Mas ninguém quer ser o próximo alvo do gerente, de modo que os membros da equipe evitam correr riscos e se limitam a seguir ordens.

Um ano depois, quando o gerente é demitido por liderar uma equipe sem iniciativa, ele se pergunta qual é o problema da *equipe*.

As nossas emoções são armas poderosas e continuar achando que seus efeitos são apenas imediatos e mínimos não nos ajuda em nada. Para identificar os efeitos propagadores das nossas emoções é fundamental observar com atenção o modo como elas afetam imediatamente os outros e usar essa informação para refletir sobre como as emoções devem afetar um círculo mais amplo de pessoas muito tempo depois que a emoção é desencadeada. Para conhecer todos os efeitos propagadores das suas emoções, você precisará passar algum tempo refletindo sobre seu comportamento. Você também vai precisar perguntar para as pessoas como elas são afetadas por suas emoções. Quanto melhor for seu entendimento de como suas emoções se propagam, mais condições você terá de escolher o tipo de ondas que deseja criar.

3 ENFRENTE SEU DESCONFORTO

O maior obstáculo ao desenvolvimento da autoconsciência é a tendência de evitar o desconforto resultante de se ver como você realmente é. As coisas sobre as quais você não pensa ficam de fora do seu radar por uma razão: elas podem doer quando vêm à tona. Evitar essa dor causa problemas por não passar de um quebra-galhos imediatista. Você nunca será capaz de gerenciar bem a si mesmo(a) se ignorar o que precisa fazer para mudar.

Em vez de evitar um sentimento, seu objetivo deve ser aproximar-se da emoção, entrar na emoção e, com o tempo, transcender a emoção. Isso se aplica até ao menor desconforto emocional, como o tédio, a confusão ou a expectativa. Quando ignora ou despreza uma emoção, por menor ou insignificante, você perde a chance de fazer algo produtivo com esse sentimento. Pior ainda, ignorar seus sentimentos não faz que eles desapareçam, mas só os ajuda a voltar à tona quando você menos espera.

> Em vez de evitar um sentimento, seu objetivo deve ser aproximar-se da emoção, entrar na emoção e, com o tempo, transcender a emoção.

Para sermos eficazes na vida, todos nós precisamos encarar a nossa própria arrogância, aquelas coisas que não nos damos ao trabalho de descobrir e que desprezamos como sendo irrelevantes. Por exemplo, uma pessoa acha que só os covardes pedem desculpas e nunca aprende a reconhecer quando precisa pedir desculpas. Outra pessoa odeia se sentir para baixo e se distrai constantemente com atividades vazias, sem nunca se sentir verdadeiramente satisfeita. Essas duas pessoas precisam ter a coragem de encarar os sentimentos que as motivam a mudar. Caso contrário, elas continuarão seguindo por um caminho improdutivo e insatisfatório, repetindo os mesmos padrões vez após vez.

Depois de enfrentar seu desconforto algumas vezes, você não vai demorar a perceber que o desconforto não é tão ruim assim, que você consegue sobreviver e que o enfrentamento tem suas recompensas. O mais surpreendente na jornada para desenvolver a autoconsciência é que o simples fato de pensar a respeito já nos ajuda a mudar, embora, no começo, vamos tender a nos focar mais no que fazemos de errado. Não tenha medo dos seus erros emocionais. Afinal, são justamente esses erros que nos mostram o que deveríamos mudar e nos proporcionam o fluxo constante de informações das quais precisamos para nos conhecer melhor.

4 SINTA AS EMOÇÕES NO SEU CORPO

Quando você sente uma emoção, sinais elétricos passam pelo seu cérebro e acionam sensações físicas no seu corpo. As sensações físicas podem variar muito, incluindo uma contração nos músculos do estômago, aumento na frequência cardíaca, respiração acelerada ou boca seca. Como a mente e o corpo estão estreitamente ligados, uma das melhores maneiras de conhecer suas emoções no momento em que elas vêm à tona é aprender a identificar as mudanças físicas que acompanham as emoções.

Para conhecer os efeitos físicos das suas emoções, tente fechar os olhos da próxima vez que você estiver sozinho(a). Sinta seu coração. Ele está batendo rápido ou devagar? Observe o ritmo de sua respiração. Volte sua atenção aos músculos dos braços, pernas, pescoço e costas. Eles estão tensos ou relaxados? Agora pense em alguns eventos de sua vida (um positivo e o outro negativo) que provocaram ou costumam provocar emoções fortes. Repasse um desses eventos em detalhes suficientes para poder sentir as emoções vindo à tona. Observe as mudanças físicas que acompanham os sentimentos. Sua respiração ou frequência cardíaca muda? Seus músculos ficam tensos? Você fica com mais frio ou calor? Repita o processo com o outro evento e observe as diferenças físicas provocadas pelas emoções das experiências positivas e negativas.

Esse processo de fechar os olhos e pensar em eventos que despertam emoções não passa de um treinamento para situações reais, para ajudá-lo(a) a detectar os sinais físicos das suas emoções no momento em que elas vêm à tona. No começo, tente não pensar muito. Basta abrir sua mente para perceber as sensações. À medida que melhora nessa prática, você ficará mais fisicamente consciente de uma emoção muito antes de se conscientizar mentalmente dela.

5 SAIBA QUEM E O QUE COSTUMA IRRITÁ-LO

Todos nós temos alguém ou alguma coisa que nos irrita a ponto de querermos sair gritando. Você pode ter um colega no trabalho que age como quem está sempre no palco, sob os holofotes. Ele chega às reuniões se pavoneando e tentando chamar a atenção, se alimenta da energia gerada pela atenção das pessoas e usa essa energia para monopolizar a discussão. Ele faz questão de falar mais alto do que os outros e suas contribuições nas reuniões são sempre dissertações prolixas, já que ele adora ouvir o som da própria voz.

Se você tiver um estilo mais discreto (ou também gostaria de ter um lugar sob os holofotes), pode se irritar muito com um colega como esse. Se você chega a uma reunião com ideias excelentes e disposto(a) a ir direto ao ponto, você provavelmente ficará frustrado(a) e irritado(a) com um colega espalhafatoso que trata a sala de reunião como se fosse seu teatro particular. Mesmo se você não for do tipo que costuma deixar escapar comentários impulsivos ou partir para o ataque, sua linguagem corporal pode revelar seus sentimentos ou você pode ficar preso(a) na sua frustração.

Saber quem e o que o(a) irrita e como isso acontece é importantíssimo para desenvolver a capacidade de se controlar nessas situações, manter o equilíbrio e se acalmar. Para usar essa estratégia, você não pode pensar em termos genéricos. Você precisa identificar as pessoas e as situações específicas que acionam suas emoções. Você provavelmente vai perceber que costuma se irritar com uma gama de pessoas e situações. Pode ser um certo tipo de pessoa (como gente espalhafatosa), situações específicas (como ter medo ou ser pego(a) de calças curtas) ou condições do ambiente (como um escritório barulhento). Ter uma noção clara de quem e o que costuma irritá-lo(a) facilita um pouco lidar com essas pessoas e situações porque você estará um pouco mais preparado para elas.

Você pode desenvolver muito sua autoconsciência se conseguir identificar os desencadeadores de sua irritação ou frustração. Por que essas pessoas e situações o irritam tanto quando você não fica nem um pouco incomodado(a) com outras pessoas e situações? Talvez o colega espalhafatoso o(a) lembre de sua irmã, que recebia toda a atenção da família quando vocês eram crianças. Você passou muitos anos vivendo à sombra dela, jurando nunca mais deixar isso acontecer. E agora você é obrigado(a) a sentar-se ao lado de um clone dela em todas as reuniões do trabalho. Não é de se espantar que ele o(a) irrite tanto.

Entender as razões pelas quais você se irrita ou se frustra com certas pessoas e situações abre as portas para a possibilidade de gerenciar suas reações a esses desencadeadores. Por enquanto, sua tarefa é simples: encontrar as fontes de sua irritação e frustração e fazer uma lista. Saber o que o(a) irrita é fundamental para usar as estratégias da autogestão e da gestão de relacionamentos que veremos mais adiante.

6 OBSERVE A SI MESMO(A) COMO UM FALCÃO

Os falcões têm a vantagem de voar em alturas vertiginosas, observando, de longe, o que acontece lá embaixo. Os animais no solo vivem seu dia a dia com uma visão restrita e focada, sem se dar conta do falcão planando acima deles, prevendo todos seus movimentos. Não seria ótimo poder ser o falcão, olhando de longe para si mesmo(a) naquelas situações difíceis que tendem a tirá-lo(a) do sério? Pense em tudo o que você seria capaz de ver e descobrir se tivesse a visão de um falcão. Sua objetividade lhe permitiria se livrar do controle das suas emoções e saber exatamente o que precisa ser feito para criar um resultado positivo.

Mesmo sem ser um falcão, ainda é possível entender com maior objetividade seu próprio comportamento. Uma prática interessante é observar suas emoções, pensamentos e comportamentos no momento em que a situação ocorre. Basicamente a meta é desacelerar e absorver a situação como um todo, permitindo que seu cérebro processe todas as informações disponíveis antes de agir.

Vejamos um exemplo. Digamos que você tenha um filho adolescente que saiu na sexta-feira à noite com um horário combinado para voltar e está mais de duas horas atrasado. Você está sentado(a) no sofá da sala, no escuro, esperando ele chegar e dar outra desculpa criativa para o atraso e para explicar por que ele não atendeu o celular. Quanto mais tempo você passa lá pensando em como seu filho desrespeita sua autoridade e nas horas de sono que ele está roubando de você, mais seu sangue ferve. Em pouco tempo, você se esquece da verdadeira razão de sua irritação: você está preocupado(a) com a segurança dele. É claro que você quer que ele siga as regras, mas é a ideia de ele estar na rua, agindo de alguma forma temerária, que o(a) impede de dormir.

Nessa situação, para se observar como um falcão você precisa saber aproveitar essa calmaria antes da tempestade. Você sabe que sua raiva vai explodir no momento em que seu filho chegar balbuciando desculpas e você também sabe que ele tem mais chances de seguir as regras se você conseguir explicar sua preocupação. É nesse momento que você precisa se distanciar para analisar a situação. Você percebe que seu ressentimento só está alimentando o fogo de sua ira. Você lembra que ele é um bom garoto que só está passando pela adolescência e agindo como qualquer outro adolescente. Você sabe que sua raiva não vai fazer seu filho mudar e lembra que suas explosões de raiva nunca levaram a nenhuma mudança até agora. Com uma visão clara da situação, você decide explicar as razões que levaram à sua decisão de puni-lo e por que você está tão nervoso(a), em vez de simplesmente deixar a raiva explodir sem controle. Quando ele finalmente entra furtivo pela porta, tropeçando na mesinha de centro na escuridão, você fica satisfeito(a) por ter sido capaz de ver a situação como um todo e não só o que está na sua frente.

7 ANOTE SUAS EMOÇÕES EM UM DIÁRIO

Não é fácil decifrar suas emoções e tendências quando do parece que cada dia o recebe com uma nova montanha para escalar. Com um diário, você pode registrar os eventos que desencadearam emoções fortes em você e como você reagiu.

A ideia é escrever sobre os acontecimentos tanto no trabalho quanto em casa. Nada está fora de cogitação. Em apenas um mês você já vai começar a ver padrões nas suas emoções e conhecerá melhor suas tendências. Você terá uma ideia melhor de quais emoções o(a) desanimam, quais emoções o(a) animam e quais emoções você tem mais dificuldade de tolerar. Preste muita atenção às pessoas e situações que provocam emoções fortes. Descreva suas emoções todos os dias e não se esqueça de registrar as sensações físicas que acompanham as emoções.

> A maior dificuldade de desenvolver a autoconsciência é a objetividade.

Além de ajudá-lo(a) a ver a si mesmo com mais clareza, anotar suas emoções faz que suas tendências sejam muito mais fáceis de lembrar e o diário serve como uma excelente referência para ir consultando à medida que você trabalha na sua autoconsciência.

8 NÃO SE DEIXE ILUDIR PELO DESÂNIMO

Todos nós sucumbimos ao desânimo de tempos em tempos, aqueles momentos de baixa energia, quando tudo parece dar errado. Quando você está desanimado(a), uma nuvem escura parece acompanhar todos seus pensamentos, sentimentos e experiências. Um fator complicador do seu cérebro é que, quando você é dominado(a) por um estado de espírito negativo, perde de vista as coisas boas de sua vida e de repente se vê odiando o trabalho, frustrado(a) com a família e amigos, insatisfeito(a) com suas realizações e vislumbrando um futuro absolutamente sombrio. No fundo você sabe que a situação não é tão ruim quanto parece, mas seu cérebro simplesmente se recusa a ver isso.

Parte da autoconsciência é a capacidade de ver a situação com clareza, mesmo se você não tiver como mudar totalmente a situação. Admita para si mesmo que seu desânimo é uma nuvem negra pairando por cima de tudo e lembre que seu estado de espírito não é permanente. Suas emoções mudam o tempo todo e o desânimo vai passar se você deixar.

Quando você está desanimado(a) e não consegue se livrar do sentimento, esse não é um bom momento para tomar decisões importantes. Você precisa se manter ciente do seu estado de espírito se quiser evitar decisões equivocadas que o(a) deixam ainda mais para baixo. É uma boa ideia refletir sobre os acontecimentos que podem ter causado o desânimo – contanto que você não passe muito tempo ruminando os eventos –, porque muitas vezes basta pensar um pouco para o desânimo passar.

9 TAMBÉM NÃO SE DEIXE ILUDIR PELA EMPOLGAÇÃO

Não são só os estados de espírito e as emoções negativas que podem causar problemas. A empolgação pode ser tão enganosa quanto o desânimo. Quando você está animado e feliz, é fácil tomar uma decisão da qual você pode acabar se arrependendo.

Vejamos o cenário a seguir, que todos nós conhecemos tão bem. Você fica sabendo que sua loja favorita vai fazer uma liquidação anual, com descontos de até 75%. Você corre para a loja no dia da liquidação e acaba comprando todo tipo de coisa que sempre quis, mas nunca teve dinheiro para pagar (pelo menos não tudo de uma vez). Você passa a semana inteira eufórico com suas compras, mostrando o que comprou aos amigos e parentes e se vangloriando dos fabulosos descontos que conseguiu. Quando chega a fatura do seu cartão de crédito no fim do mês, a sensação é bem diferente.

Gastos imprudentes não são o único erro que você pode cometer ao surfar na onda da empolgação. A euforia e a energia que você sente quando está em uma onda de empolgação transforma todas as situações em um mar de rosas. Você tem muito mais chances de tomar decisões impulsivas e ignorar as possíveis consequências das suas ações. Fique atento à sua empolgação e às decisões insensatas que esse estado de espírito pode instigar e você poderá se sentir bem sem qualquer arrependimento.

Estratégias de autoconsciência 79

10 PARE E PERGUNTE-SE *POR QUE* VOCÊ FAZ AS COISAS QUE FAZ

As emoções vêm e vão quando elas querem, não quando você quer. Sua autoconsciência se desenvolverá muito quando você se puser a procurar as origens dos seus sentimentos. Crie o hábito de fazer uma pausa para se perguntar por que emoções surpreendentes subiram fervilhando à superfície e o que o(a) motivou a fazer algo que normalmente não faria. As emoções servem um propósito importante. Elas sinalizam coisas que você jamais saberia se não parasse para investigar o porquê.

Costuma ser muito fácil fazer isso, mas, se você não tomar cuidado, os dias podem passar em um piscar de olho, deixando pouco tempo para contemplar as razões pelas quais você faz o que faz. Com um pouco de prática, você será capaz de identificar as origens das suas reações emocionais e descobrir o propósito das suas emoções. O mais surpreendente dessa estratégia é que basta prestar atenção às suas emoções e tentar decifrá-las com perguntas pertinentes para melhorar sua autoconsciência.

Você consegue se lembrar da primeira vez que reagiu dessa maneira e com quem? O que aquele evento no passado e este evento presente têm em comum? Qualquer um pode provocar essa reação em você ou só algumas pessoas específicas? Quanto mais você souber por que você faz as coisas que faz, mais terá condições de impedir ser controlado por emoções.

11 REVEJA SEUS VALORES

A vida requer um malabarismo constante. Você faz malabarismos com projetos no trabalho, reuniões sem fim, contas a pagar, problemas a resolver, telefonemas, mensagens de texto, tarefas domésticas, refeições, tempo com amigos e família... e a lista continua. Você precisa ter muita atenção e foco para não deixar os pratos caírem no chão.

Esse malabarismo todo mantém sua atenção voltada para fora e não para dentro, para si mesmo(a). Enquanto você corre de um lado ao outro tentando reduzir sua lista de afazeres, é fácil perder de vista o que mais importa: suas crenças e valores essenciais. Quando se dá conta, você já está fazendo e dizendo coisas nas quais, no fundo, você não acredita ou com as quais você não se sente bem. Você pode se pegar gritando com um colega que cometeu um erro mesmo se você normalmente considera inaceitável tamanha hostilidade. Se o comportamento de gritar com os colegas entra em conflito com suas crenças, pegar-se fazendo isso o(a) deixará incomodado(a) ou frustrado(a).

O truque é dar uma parada para olhar para si mesmo(a) e anotar rapidamente suas crenças e valores essenciais. Pergunte-se: quais são os valores que eu gostaria de pôr em prática? Divida uma folha de papel em duas colunas. Anote suas crenças e valores essenciais na coluna da esquerda e, na coluna da direita, qualquer coisa que fez ou disse da qual você não se

Estratégias de autoconsciência **81**

orgulha. Seus valores estão alinhados com seus comportamentos e atitudes? Se não, pense em alternativas ao que você fez e disse, mas dessa vez, alternativas que o(a) deixariam orgulhoso(a) de si mesmo(a) ou pelo menos mais à vontade.

Repetir esse exercício, com alguma frequência entre diária e mensalmente, dará um grande impulso à sua autoconsciência. Em pouco tempo você se verá pensando na lista *antes* de agir, o que prepara o caminho para fazer escolhas das quais você poderá se orgulhar.

12 PARE E PERGUNTE-SE *POR QUE* VOCÊ FAZ AS COISAS QUE FAZ

A autoconsciência costuma ser um processo interno, mas em algumas ocasiões o mundo externo dá sinais que você pode usar para entender o que se passa por dentro. Todo mundo sabe que a nossa aparência externa reflete o modo como nos sentimos. As nossas expressões faciais, postura, atitude, roupas e o cabelo são reflexos do nosso estado de espírito.

A aparência física é mais simples e direta. O que vestimos envia uma mensagem bem clara e conhecida sobre o modo como nos sentimos. Por exemplo, usar moletons velhos e camisetas surradas e deixar o cabelo despenteado todos os dias diz ao mundo que você jogou a toalha, enquanto vestir-se bem demais para todas as ocasiões e nunca deixar de cortar o cabelo toda semana demonstra que você está se esforçando demais. Sua atitude também diz muito sobre seu estado de espírito, mas a mensagem muitas vezes acaba distorcida. Se você está prestes a conhecer uma pessoa e está inseguro(a) sobre o modo como será recebido(a), como muitas pessoas você pode acabar se mostrando distraído(a) ou reservado(a) demais ou, pelo contrário, atencioso(a) demais.

Nessas situações, é importante observar seu estado de espírito e refletir sobre como isso afeta seu comportamento. A atitude que você projeta para o mundo é algo que você mesmo(a) escolheu, que seu estado de espírito impôs ou uma atitude à qual você tende a

Estratégias de autoconsciência 83

recorrer automaticamente? O que você projeta para o mundo sem dúvida reflete o modo como você se sente e cabe a você conhecer essa relação. Dar uma parada aqui e ali ao longo do dia para um rápido check-up lhe permitirá conhecer seu estado de espírito *antes* de deixar que ele defina os rumos de todo seu dia.

13 IDENTIFIQUE SUAS EMOÇÕES EM LIVROS, FILMES E MÚSICAS

Se estiver achando difícil reconhecer seus padrões emocionais e tendências, você pode encontrar as mesmas informações olhando para fora, observando filmes, músicas e livros com os quais você se identifica. Quando você se identifica com a letra ou o clima de uma música, quando a música reflete seus sentimentos e quando você não consegue tirar um personagem de um filme ou livro da cabeça, isso provavelmente acontece porque aspectos importantes dos pensamentos e sentimentos desses personagens se alinham com seus próprios pensamentos e sentimentos. Analisar esses momentos com mais atenção pode lhe render muitos insights sobre si mesmo(a). E também pode ser uma excelente maneira de explicar seus sentimentos aos outros.

Identificar suas emoções nas expressões de artistas permite que você aprenda sobre si mesmo(a) e descubra sentimentos que muitas vezes são difíceis de comunicar. Às vezes você simplesmente não consegue encontrar as palavras para expressar o que sente. Ouvir música, ler romances, ver filmes e até contemplar obras de arte podem ser como portas de entrada para suas emoções mais profundas. Da próxima vez que uma dessas formas de expressão chamar sua atenção, não deixe de dar uma parada para analisá-la com mais atenção. Você nunca sabe o que vai encontrar.

14 PEÇA A OPINIÃO DOS OUTROS

Tudo o que você vê – incluindo você mesmo(a) – é visto pelas lentes do seu próprio ponto de vista. O problema é que suas lentes variam de acordo com suas experiências, crenças e, sem dúvida, seu estado de espírito. Suas lentes o(a) impedem de ter uma visão verdadeiramente objetiva de si mesmo(a). Normalmente há uma grande diferença entre o modo como você se vê e o modo como os outros o(a) veem. Esse abismo entre o modo como você vê a si mesmo(a) e o modo como os outros o(a) veem é uma rica fonte de lições para reforçar sua autoconsciência.

A autoconsciência é o processo de conhecer a si mesmo(a) de dentro para fora e de fora para dentro. A única maneira de conseguir a segunda perspectiva, normalmente mais difícil de obter, é

> A autoconsciência é o processo de conhecer a si mesmo(a) de dentro para fora e de fora para dentro.

abrir-se às opiniões e aos comentários dos outros, que podem incluir amigos, colegas, mentores, supervisores e parentes. Ao pedir o feedback das pessoas, não deixe de perguntar exemplos e situações específicas e, à medida que coleta o feedback, vá procurando semelhanças nas respostas. O ponto de vista alheio pode ser bastante reveladores, mostrando como você é visto(a) pelos outros. Analisar os diferentes pontos de vista em

86 Inteligência emocional 2.0

conjunto ajuda a ver o quadro geral, inclusive o modo como suas emoções e reações afetam os outros. Ao reunir a coragem de dar uma olhada no que os outros veem, você poderá atingir um nível de autoconsciência que poucas pessoas conseguem atingir.

15 CONHEÇA A SI MESMO(A) EM SITUAÇÕES DE ESTRESSE

A montanha de eventos, situações e pessoas estressantes de sua vida não para de crescer. A cada vez que sua tolerância ao estresse aumenta para atingir novas alturas, você – ou as pessoas ao seu redor – forçam a barra até você conseguir tolerar ainda mais. E todas as parafernálias high-tech à sua disposição também não estão ajudando. Na verdade, elas só parecem acelerar sua vida. Se for como a maioria das pessoas, você já reconheceu alguns sinais de alerta que surgem quando o estresse é iminente. A questão é: você faz alguma coisa a respeito?

Você se beneficiará muito ao aprender a reconhecer os primeiros sinais de estresse. A mente e o corpo humano – pelo menos no que se refere ao estresse – têm uma voz própria. Eles alertam, por meio de reações emocionais e fisiológicas, que é hora de desacelerar e dar uma pausa. Por exemplo, a dor de estômago pode ser um sinal de que o nervosismo e a ansiedade estão sobrecarregando seu corpo. A indigestão e a fadiga que se seguem são o jeito que seu corpo dá para desacelerar e descansar um pouco. Ansiedade e estresse intensos podem causar dor de estômago em algumas pessoas, enquanto em outras os sinais físicos podem ser uma dor de cabeça lancinante, aftas ou dor nas costas. Sua autoconsciência em momentos de estresse deve servir como seu terceiro ouvido para escutar os pedidos de ajuda do seu corpo. Seu corpo é muito comunicativo quando você o força demais. Pare um pouco para reconhecer os sinais e recarregue sua bateria emocional antes de seu estresse causar danos permanentes ao seu sistema.

6

ESTRATÉGIAS
DE AUTOGESTÃO

A autogestão é a capacidade de usar a conscientização das suas emoções para escolher ativamente o que você diz e faz.

À primeira vista, pode parecer que a autogestão não passa de uma técnica para respirar fundo e se controlar quando as coisas ficam intensas demais e, apesar de ser verdade que é importante saber se controlar em situações como essas, a autogestão envolve muito mais do que simplesmente se segurar quando você está prestes a explodir. Suas explosões não são diferentes de um vulcão, com todo tipo de efervescência e atividade ocorrendo sob a superfície antes de a lava começar a fluir.

Ao contrário de um vulcão, você pode fazer pequenas coisas todos os dias para afetar o que acontece sob a superfície. Basta aprender a identificar a atividade e reagir a ela. A autogestão é desenvolvida com base em uma habilidade fundamental: a autoconsciência.

Você precisará de uma ampla autoconsciência para desenvolver a autogestão porque só tem como escolher ativamente como reagir a uma emoção se estiver ciente dela. Considerando que fomos configurados para sentir as emoções antes de podermos reagir a elas, é a dupla capacidade de analisar as emoções e reagir a elas que distingue os melhores autogestores. Uma boa capacidade de autogestão o impede de atravancar o próprio caminho e de fazer coisas que limitam seu sucesso. E também o impede de frustrar os outros a ponto de eles se ressentirem ou deixarem de gostar de você. Quando você conhece as próprias emoções e aprende a escolher sua reação a elas, conquista o poder de assumir o controle de situações difíceis, ser ágil na sua reação às mudanças e tomar a iniciativa necessária para atingir seus objetivos.

Quando desenvolve a capacidade de se avaliar rapidamente e tomar as rédeas antes de avançar na direção errada, você mantém a flexibilidade e pode escolher como reagir a diferentes situações de maneira positiva e produtiva. Quando você não faz uma pausa para pensar sobre seus sentimentos – inclusive o modo como eles afetam seu comportamento agora e no futuro –, você acaba sendo uma vítima frequente dos sequestros emocionais. Suas emoções vão controlá-lo – independente de você estar ou não ciente disso – e você passará seus dias meramente reagindo aos seus sentimentos, incapaz de escolher o que diz e faz.

A seguir veremos 17 estratégias específicas e simples – coisas que você pode começar a fazer agora – que vão

90 Inteligência emocional 2.0

ajudá-lo(a) a gerenciar suas emoções e se beneficiar disso. Cada estratégia se volta a um elemento importante da autogestão. Esse conjunto de estratégias foi cuidadosamente elaborado com base em muitos anos de testes com pessoas exatamente como você e são métodos comprovados para melhorar sua autogestão.

À medida que domina cada uma das estratégias e as incorpora à sua rotina, você vai aprendendo a reagir bem às suas emoções. Naturalmente, por mais que você se torne um mestre na gestão das suas emoções, você sempre sairá irritado ou frustrado com determinadas situações. Sua vida não vai se transformar em um conto de fadas isento de obstáculos, mas você estará equipado com tudo o que precisa para assumir o controle e decidir o rumo de sua vida.

ESTRATÉGIAS DE AUTOGESTÃO

1. Respire direito.

2. Faça uma lista "Emoção *versus* Razão".

3. Divulgue suas metas.

4. Conte até dez.

5. Não tome decisões precipitadas.

6. Converse com um bom autogestor.

7. Incorpore mais sorrisos e risadas à sua vida.

8. Reserve um tempo todos os dias para resolver os problemas.

9. Assuma o controle do seu diálogo interno.

10. Visualize seu sucesso.

11. Garanta uma boa noite de sono.

12. Concentre-se nas suas liberdades, não nas suas limitações.

13. Mantenha-se sincronizado.

14. Converse com alguém que não esteja emocionalmente envolvido no seu problema.

15. Aprenda uma valiosa lição com todas as pessoas que cruzarem seu caminho.

16. Recarregue as baterias mentais e incorpore esse hábito ao seu dia a dia.

17. Aceite que as mudanças são inevitáveis.

1 RESPIRE DIREITO

Se você for como a maioria das pessoas, sua respiração é curta e superficial e você não contrai totalmente o diafragma para encher os pulmões... e você nem percebe. Qual é o problema? Afinal, você não sofre de falta de oxigênio... ou pelo menos é o que pensa. Seus pulmões foram feitos para proporcionar *exatamente* o volume de ar do qual seu corpo precisa para que *todos* seus órgãos funcionem bem. Com respirações curtas e superficiais – sem inflar a barriga com a entrada do ar – você não está dando ao seu corpo todo o oxigênio do qual ele precisa.

O seu cérebro requer nada menos de 20% do suprimento de oxigênio do seu corpo para controlar as funções básicas, como a respiração e a visão, e funções complexas, como pensar e administrar seu estado de espírito. Seu cérebro aloca o oxigênio primeiro para as funções básicas, que o mantêm vivo. O oxigênio restante é usado para as funções complexas, que o mantêm alerta, focado e calmo. Respirações superficiais privam seu cérebro de oxigênio, o que pode levar à falta de concentração, esquecimento, alterações de humor, agitação, pensamentos depressivos e ansiosos e falta de energia. A respiração superficial prejudica sua capacidade de autogestão.

Da próxima vez que você estiver em uma situação estressante ou emocionalmente carregada, concentre-se em respirar com respirações lentas e profundas, inalando pelo nariz, até conseguir sentir a barriga inchar bem, e expirando suave e completamente pela boca. Tente expirar todo o ar até esvaziar completamente os pulmões. Se você quiser checar se está respirando corretamente, coloque uma mão sobre o esterno (aquele osso comprido e achatado localizado no centro do seu peito) e a outra mão sobre a barriga enquanto respira. Se a mão na barriga se mover mais que a mão no esterno ao expirar, você está recebendo oxigênio suficiente e inflando completamente os pulmões. Com a prática, você poderá usar essa técnica de respiração na presença de outras pessoas sem que elas percebam, o que vem bem a calhar quando você estiver no meio de uma conversa difícil.

Sempre que optar por respirar direito e inundar o cérebro de oxigênio, você notará que os efeitos são imediatos. Muitas pessoas dizem que a sensação é como entrar em um estado mais tranquilo e relaxado, no qual a mente fica mais clara. Respirar direito é uma das técnicas mais simples e ao mesmo tempo extremamente eficazes para gerenciar suas emoções. Além de mobilizar imediatamente seu cérebro racional, a respiração correta é uma excelente maneira de desviar seu foco de pensamentos intrusivos e incômodos dos quais costuma ser difícil se livrar. Se você se sentir tomado de ansiedade e estresse diante da possibilidade de não conseguir terminar um trabalho a tempo ou quando estiver obcecado com pensamentos e sentimentos negativos sobre algum evento do passado, respirar corretamente o ajudará a se acalmar e se sentir melhor ao energizar seu cérebro racional.

2 FAÇA UMA LISTA "EMOÇÃO *VERSUS* RAZÃO"

Você pode não perceber sempre que isso acontece, mas, muitas vezes você permite que suas emoções o levem a uma direção enquanto sua mente racional tenta convencê-lo a tomar outro caminho. Sempre que você perceber que o lado emocional e o lado racional estão travando uma batalha na sua mente, é interessante fazer uma lista para separar os argumentos emocionais dos racionais. A lista o ajudará a se livrar da confusão, usar seu conhecimento e levar em conta a importância das suas emoções, sem deixá-las assumir o controle.

É fácil criar uma lista "Emoção *versus* Razão". Trace uma linha reta dividindo uma folha de papel no meio em duas colunas. Na coluna da esquerda escreva o que suas emoções dizem que deve fazer e, na coluna da direita, o que sua razão está dizendo. Agora, tente responder duas importantes perguntas: em que pontos suas emoções estão causando confusão e prejudicando sua capacidade de tomar boas decisões e em que pontos sua razão está ignorando alertas importantes provenientes dsuas emoções? Suas emoções serão problemáticas se você se deixar controlar por elas, sem dar ouvidos à voz da razão, mas seus pensamentos racionais também podem ser problemáticos se você tentar agir como um robô desprovido de sentimentos. Seus sentimentos continuarão lá não importa se você os reconhecer ou não, e a lista "Emoção *versus* Razão" o força a entrar em contato com eles ao colocá-los no papel.

Da próxima vez que você estiver angustiado com uma situação complicada ou estressante, pegue uma folha de papel e reserve alguns momentos de tranquilidade para organizar seus pensamentos e fazer sua lista. Com a lista em mãos, será muito mais fácil decidir qual lado você deve deixar influenciar mais sua decisão, o lado emocional ou o lado racional de sua mente.

3 DIVULGUE SUAS METAS

Não é fácil colocar em prática o nosso próprio discurso, especialmente quando a vida nos reserva uma surpresa após a outra. Às vezes, as maiores decepções são privadas, quando não conseguimos atingir uma meta ou não conseguimos fazer o que nos propusemos a fazer. Nada nos motiva mais a atingir os nossos objetivos do que divulgá-los. Se disser claramente aos outros – amigos, parentes ou companheiro – o que você pretende realizar, você vai se motivar mais porque sentirá que precisa prestar contas do seu progresso.

Grande parte da autogestão é uma questão de motivação, e você pode usar as expectativas que os outros têm sobre você como um poderoso motivador para avançar. Você pode se assumir a responsabilidade por um novo projeto no trabalho na frente de toda a equipe em uma reunião ou se comprometer a encontrar seu parceiro de corrida exatamente às cinco da manhã todos os dias. Em qualquer uma dessas situações você simplesmente tem mais chances de agir por ter envolvido outras pessoas na conquista das suas metas. Escolha pessoas que você sabe que de fato vão prestar atenção ao seu progresso.

> Grande parte da autogestão é uma questão de motivação, e você pode usar as expectativas que os outros têm sobre você como um poderoso motivador para avançar.

Estratégias de autogestão 97

Quando você revelar suas metas a alguém, peça que pessoa fique de olho no seu progresso e o cobre por isso. Você pode até atribuir à pessoa o poder de lhe dar uma recompensa ou punição, como um professor universitário que conhecemos que paga US$ 100 aos colegas sempre que perde um prazo para entregar um relatório de pesquisa. Como você pode imaginar, ele é um dos poucos que raramente perde um prazo!

4 CONTE ATÉ DEZ

Você pode agradecer sua professora do jardim de infância por essa estratégia! Afinal, foi no jardim da infância que você aprendeu uma das estratégias mais eficazes para se acalmar quando suas emoções estão saindo do controle. A maturidade tem um jeito estranho de nos fazer perder de vista algumas estratégias simples, porém profundas, para nos controlar.

Basta seguir as seguintes instruções: quando você sentir que está ficando frustrado ou com raiva, faça uma pausa respirando fundo e pensando no número um enquanto expira. Continue respirando e contando até chegar ao número dez. Esse simples ato de contar e respirar relaxa e o impede de agir sem pensar pelo tempo suficiente para você recuperar a compostura e desenvolver uma perspectiva mais clara e racional da situação.

Às vezes, você pode nem chegar ao dez. Por exemplo, se você estiver em uma reunião e alguém o interromper de repente para dizer alguma coisa irritante, será difícil para você ficar em silêncio enquanto respira contando dez expirações. Mesmo se não conseguir chegar ao dez, você interromperá o fluxo de frustração e raiva pelo tempo suficiente para resfriar seu sistema límbico superaquecido e dar ao seu cérebro racional um tempo para se recuperar.

Mesmo se não conseguir chegar ao dez, você interromperá o fluxo de frustração e raiva pelo tempo suficiente para resfriar seu sistema límbico superaquecido e dar ao seu cérebro racional um tempo para se recuperar.

Em algumas situações é melhor não revelar às pessoas que você precisa fazer uma pausa para contar a respiração e existem muitas excelentes maneiras de esconder essa necessidade dos outros. Algumas pessoas levam alguma coisa para beber às reuniões. Sempre que sentem que podem deixar escapar algum comentário emocionalmente carregado, elas tomam a bebida. Ninguém espera que as pessoas falem enquanto estão bebendo. Com isso elas ganham tempo para se acalmar (e contar, se necessário), organizar os pensamentos e pensar em algo mais construtivo para dizer.

Reagir rapidamente e sem pensar muito joga lenha na fogueira do cérebro emocional. Uma resposta petulante em geral leva a uma discussão acalorada com observações grosseiras voando para todos os lados, e é fácil se ver no meio de um sequestro emocional. Ao desacelerar as coisas e se concentrar na contagem, você mobiliza o cérebro racional. Com isso, você pode retomar o controle de si mesmo e impedir ser dominado pelas suas emoções.

5 NÃO TOME DECISÕES PRECIPITADAS

Em seu eterno clássico *Guerra e paz*, Lev Tostói escreveu que os dois maiores guerreiros são o tempo e a paciência. O poder desses guerreiros resulta de sua capacidade de transformar situações, aliviar a dor e pensar com objetividade. Às vezes, as situações que requerem a nossa paciência podem parecer tão incômodas, insatisfatórias e cheias de ansiedade que entramos automaticamente em ação só para aliviar o tumulto interior. No entanto, em muitas ocasiões, permitir um dia, uma semana ou um mês a mais para digerir a situação antes de agir é tudo o que você precisa para se manter no controle. E às vezes, enquanto espera, você pode descobrir novas informações para facilitar sua decisão.

O tempo ajuda na autogestão levando objetividade e perspectiva aos milhares de pensamentos que passam pela sua cabeça quando você tem uma decisão importante a tomar. O tempo também o ajuda a controlar as emoções que você sabe que o levariam na direção errada se você deixá-las correrem soltas. É muito simples. Tudo o que você precisa fazer é forçar-se a esperar a poeira assentar antes de agir.

6 CONVERSE COM UM BOM AUTOGESTOR

Os melhores exemplos a serem seguidos vêm em todas as formas e tamanhos e afetam a nossa vida de maneiras difíceis de prever. Uma das melhores maneiras de desenvolver a autogestão é procurar bons autogestores para aprender os truques deles.

As fraquezas da maioria das pessoas no que se refere à inteligência emocional resultam apenas de habilidades com as quais elas têm dificuldade. As pessoas que já nasceram com determinada habilidade de inteligência emocional em geral são muito cientes do que fazem bem, o que torna mais fácil para você aprender com elas.

Para começar, encontre uma pessoa que você considera um excelente autogestor. Se você não conseguir encontrar um bom autogestor por conta própria, pode pedir que as pessoas façam o teste que acompanha este livro. Chame seu mestre da autogestão para um almoço ou café da manhã, explicando que você está querendo melhorar essa habilidade, e peça para ele ler a seção sobre a autogestão deste livro antes do encontro. No encontro, revele suas metas específicas para o desenvolvimento da autogestão e pergunte quais táticas seu mentor usa para conseguir ser um autogestor tão bom. Não deixe de dizer quais emoções e situações você considera mais difíceis. Você deverá aprender algumas táticas originais e eficazes para se autogerenciar que jamais conheceria de outra forma.

Antes de concluir o encontro, anote as melhores dicas e escolha uma ou duas que você pode começar a pôr em prática imediatamente. Pergunte ao seu gênio da autogestão se vocês dois poderiam voltar a se encontrar depois que você tiver a chance de testar as sugestões.

7 INCORPORE MAIS SORRISOS E RISADAS À SUA VIDA

Você sabia que quando você ri e sorri seu rosto envia sinais ao seu cérebro de que você está feliz? Seu cérebro literalmente reage aos nervos e músculos do seu rosto para determinar seu estado emocional. A implicação disso para a autogestão é que, quando você fica obcecado com uma ideia frustrante ou angustiante, forçar-se a sorrir neutraliza o estado emocional negativo. Se você trabalha em atendimento ao cliente ou precisa parecer animado quando na verdade preferiria passar o dia inteiro na cama, forçar-se a abrir um amplo e autêntico sorriso (aquele tipo de sorriso que empurra suas bochechas para cima) vai enganar sua mente, que acabará sentindo o estado de ânimo necessário no momento.

Pesquisadores de universidades francesas mensuraram o poder de um sorriso pedindo que dois grupos de participantes lessem a mesma página de quadrinhos do jornal. Um grupo de participantes foi instruído a segurar um lápis entre os dentes enquanto lia (o que ativa os músculos utilizados ao sorrir), enquanto o outro grupo segurou o lápis com os lábios (o que não ativa os músculos utilizados no sorriso). Os participantes que sorriram sem querer acharam os quadrinhos muito mais engraça-

> É bom saber que você tem uma saída quando precisa fingir que está feliz.

dos e se divertiram mais com a leitura do que os participantes do grupo que não sorriu.

Você também pode usar o riso e o sorriso para melhorar seu humor assistindo a um filme ou lendo um livro divertido. Pode parecer estranho fazer isso quando você está desanimado, mas é uma excelente maneira de neutralizar as emoções negativas e limpar sua cabeça, especialmente se seu desânimo está paralisando sua capacidade de tomar boas decisões. Sorrir e dar risada não elimina o desânimo e nem deveria – todo estado de espírito tem sua utilidade –, mas é bom saber que você tem uma saída quando precisa fingir que está feliz.

8 RESERVE UM TEMPO TODOS OS DIAS PARA RESOLVER OS PROBLEMAS

Você sente centenas de emoções todos os dias e nem chega a perceber algumas delas. Você passa o dia saltando de um sentimento ao outro, o que pode levá-lo a tomar algumas decisões em momentos inoportunos.

Repasse algumas das suas últimas decisões e você pode notar que as decisões que tomou às pressas raramente foram tão eficazes quanto as decisões tomadas depois de planejar um pouco e refletir com a mente clara. O único jeito de garantir o "espaço" certo para tomar boas decisões é reservar um tempo na sua agenda para resolver os problemas. Mantenha a coisa simples. Reservar 15 minutos por dia para desligar o telefone, sair da frente do computador e dar uma parada só para pensar é uma ótima maneira de garantir que suas decisões não sejam confundidas com as emoções.

9 ASSUMA O CONTROLE DO SEU DIÁLOGO INTERNO

Pesquisas sugerem que uma pessoa tem em média cerca de 50 mil pensamentos por dia. Parece muito? E não é só isso. Toda vez que um desses 50 mil pensamentos ocorre, substâncias químicas são produzidas no seu cérebro que podem desencadear reações sentidas por todo seu corpo. Existe uma estreita relação entre o que você pensa e o modo como se sente, tanto física quanto emocionalmente. Como você está sempre pensando (de um jeito parecido com a respiração), você tende a esquecer que está pensando. Você provavelmente nem percebe o quanto seus pensamentos ditam o modo como você se sente a cada momento do seu dia.

É impraticável tentar monitorar todos seus pensamentos para ver se eles estão tendo uma influência positiva ou negativa no seu estado emocional. Os pensamentos mais influentes são aqueles nos quais você literalmente fala consigo mesmo. Você pode nem perceber que tem esses pensamentos, mas todos nós temos uma voz interior dentro da nossa cabeça que afeta a nossa percepção das coisas. Dizemos a nós mesmos para manter a calma, nos parabenizamos por um trabalho bem-feito e nos repreendemos por tomar decisões ruins. Nossos pensamentos conversam conosco todo dia, e essa voz interior é chamada de diálogo interno.

Os pensamentos são o principal meio de regular o nosso fluxo emocional. O que você se permite pensar pode agitar as emoções e levá-las à superfície, empurrá-las para o subsolo e intensificar e prolongar qualquer experiência emocional. Quando você é tomado por uma onda de emoção, seus pensamentos intensificam ou diminuem a agitação. Ao aprender a controlar seu diálogo interno, você pode se manter focado nas coisas certas e gerenciar melhor suas emoções.

Em muitas ocasiões, seu diálogo interno é positivo e o ajuda no seu dia a dia ("É melhor eu me preparar para a reunião" ou "O jantar vai ser ótimo, não vejo a hora"). Seu diálogo interno prejudica sua autogestão *sempre* que se torna negativo. O diálogo interno negativo não é realista e é autodestrutivo. Você pode entrar em uma espiral emocional descendente que dificulta atingir seus objetivos na vida.

Veja a seguir os tipos mais comuns de pensamentos negativos e sugestões para assumir o controle deles e reverter a situação:

1. **Transforme o *sempre* ou o *nunca* em *só desta vez* ou *às vezes*.** Suas ações dependem da situação, não importa se você achar que *sempre* pisa na bola. Não deixe de forçar seus pensamentos a seguir essa lógica. Quando você começar a isolar cada situação e deixar de se martirizar por cada erro, você vai parar de achar que seus problemas são maiores do que realmente são.

2. **Substitua críticas como *Sou um idiota* por afirmações factuais, como *Cometi um erro*.** Os pensamentos que associam um rótulo permanente a você não deixam qualquer espaço para melhorias. Já as afirmações factuais são objetivas, pertinentes à situação e o ajudam a se concentrar no que você pode mudar.

3. Aceite a responsabilidade pelas suas ações e só pelas suas ações. O jogo da culpa e o diálogo interno negativo costumam andar juntos. Se você é do tipo que costuma pensar que é *tudo culpa minha* ou é *tudo culpa do outro*, você está errado na maior parte do tempo. É recomendável aceitar a responsabilidade pelas suas ações, mas não pelas ações dos outros. Da mesma forma, se você costuma culpar os outros por tudo, é hora de assumir a responsabilidade pela sua parte na situação.

10 VISUALIZE SEU SUCESSO

Essa é outra estratégia que, à primeira vista, pode parecer simples demais, mas que é incrivelmente eficaz. Aprender a autogestão requer muita prática. No entanto, muitas das situações mais difíceis para você não costumam ser muito frequentes. Por esse motivo, você terá dificuldade de formar as vias neurais necessárias para transformar as novas habilidades em hábitos... a menos que você aprenda a visualizar.

O seu cérebro tem dificuldade de distinguir entre o que você vê com seus olhos e que você visualiza mentalmente. Para você ter uma ideia, exames de ressonância magnética do cérebro feitos quanto as pessoas estão vendo o pôr do sol são praticamente indistinguíveis dos exames feitos quando as mesmas pessoas visualizam mentalmente um pôr do sol. As mesmas regiões do cérebro são ativadas nos dois cenários.

Visualizar-se gerenciando bem suas emoções e comportamentos é uma excelente maneira de praticar suas novas habilidades e transformá-las em hábitos. Para que isso dê certo, pode ser interessante fazer a visualização em um ambiente livre de distrações, já que você precisará mergulhar completamente nas cenas que visualizar na sua cabeça. Um bom momento para praticar a visualização é antes de dormir à noite. Basta fechar os olhos e se visualizar em situações nas quais você tem mais dificuldade de se autogerenciar. Concentre-se nos detalhes da situação que fazem com que seja tão difícil para você manter o controle. Imagine as imagens e sons que você veria e ouviria se de fato estivesse na situação, até literalmente sentir as mesmas emoções. Em seguida, visualize-se agindo como você gostaria de agir (por exemplo, se acalmando e fazendo uma grande apresentação com confiança, lidando sem perder a calma com um colega que costuma irritá-lo etc.). Imagine-se fazendo e dizendo as coisas certas e permita-se sentir a satisfação e as emoções positivas resultantes. Um bom jeito de terminar o dia, você não acha? Aplique essa estratégia toda noite e vá incorporando situações mais difíceis à medida que elas vão surgindo na sua vida.

11 GARANTA UMA BOA NOITE DE SONO

A autogestão requer paciência, flexibilidade e vigilância, as primeiras coisas a ir por água abaixo quando você não tem uma boa noite de sono. Passar mais tempo dormindo pode até ajudá-lo a se gerenciar melhor, mas não necessariamente. O fator crucial para ter uma mente alerta, focada e equilibrada é a qualidade do seu sono e, para garantir uma boa qualidade do sono, você precisa de uma boa higiene do sono.

Enquanto você dorme, seu cérebro recarrega as baterias, repassando as memórias do dia e armazenando-as ou descartando-as (um processo que leva aos sonhos), de modo que você acorda alerta e com a mente clara. Seu cérebro é muito caprichoso no que se refere ao sono. Ele precisa passar por uma elaborada série de ciclos para você acordar descansado. Você pode fazer as sua parte e melhorar a qualidade do seu sono seguindo as recomendações a seguir para manter uma boa higiene do sono:

1. Exponha-se a vinte minutos de sol de manhã. Os olhos precisam de pelo menos vinte minutos de luz solar antes do meio-dia (tudo bem se o dia estiver nublado) para reinicializar seu relógio interno, o que facilita pegar no sono à noite. A luz não pode ser filtrada por janelas ou óculos de sol. Tire os óculos de sol e abra as janelas do carro a caminho para o trabalho ou encontre um tempo para sair ao sol antes do almoço.

2. **Desligue o computador pelo menos duas horas antes de ir dormir.** A luz do monitor tarde da noite é semelhante à luz solar, a ponto de enganar o cérebro, fazendo que seja difícil adormecer e prejudicando a qualidade do seu sono.

3. **Use a cama só para dormir.** A melhor maneira de pegar no sono assim que deitar é evitar trabalhar ou ver TV na cama. Use sua cama só para dormir e seu corpo vai saber que é hora de pegar no sono.

4. **Evite cafeína, especialmente depois do meio-dia.** A cafeína tem uma meia-vida de seis horas. Tome uma xícara de café às 8 da manhã e você ainda terá 25% da cafeína no seu corpo às 8 da noite. A cafeína o impede de pegar no sono e é extremamente prejudicial para a qualidade do seu sono. É melhor evitá-la por completo ou pelo menos reduzir bem a quantidade e só consumir cafeína antes do meio-dia.

12 CONCENTRE-SE NAS SUAS LIBERDADES, NÃO NAS SUAS LIMITAÇÕES

A vida não é justa. Você não pode fazer nada a respeito. Não é você quem decide. Os pais tendem a martelar esses mantras na cabeça dos filhos como quem segue alguma espécie de Manual Secreto de Criação dos Filhos. O que seus pais se esqueceram de explicar é que você sempre tem uma escolha: você sempre pode escolher como reagir a qualquer situação. Mesmo se não puder fazer ou dizer nada para mudar uma situação difícil, você sempre pode influenciar sua perspectiva sobre os acontecimentos, o que acaba afetando seus sentimentos a respeito.

Em muitas ocasiões você não tem como mudar uma situação nem as partes envolvidas, mas isso não significa que deve desistir. Quando você se pega pensando que não tem controle algum, faça uma pausa para analisar o modo como você está reagindo à situação. Concentrar-se nas restrições não só é desmoralizante como também instiga os sentimentos negativos que confirmam sua sensação de impotência. Você deve se responsabilizar por aquilo que pode controlar e se concentrar em permanecer flexível e com a cabeça aberta apesar da situação.

13 MANTENHA-SE SINCRONIZADO

Os agentes do FBI passam um bom tempo tentando descobrir se os suspeitos estão ou não mentindo. Eles analisam a linguagem corporal, as inflexões da voz e o contato visual. O maior indício de que alguém está mentindo ocorre na ausência de *sincronia* ou, em outras palavras, quando a linguagem corporal não corresponde às emoções sendo expressas.

A sincronia também é uma ferramenta importante dos bons autogestores. Quando você gerencia bem suas emoções, sua linguagem corporal estará de acordo com o tom emocional da situação. Quando você não consegue controlar sua linguagem corporal, isso é um sinal claro de que você está sendo sequestrado pelas suas emoções.

Quando um avião comercial pousou com segurança no Rio Hudson, em Nova York, em 2009, o piloto, Chelsea "Sully" Sullenberger, salvou todas as pessoas a bordo dando um jeito para que o avião atingisse a água no ângulo exato e na velocidade exata para reduzir o impacto. Para conseguir isso, silenciou os sinais de alarme soando em sua cabeça e o medo que estava sentindo. Ele manteve a compostura desviando a atenção do medo e se concentrando em pousar o avião. Impediu que as emoções assumissem o controle, embora soubesse que as chances de sobrevivência eram mínimas.

Você normalmente não estará fazendo uma aterrissagem forçada de um avião, mas, se for como a maioria das pessoas, terá momentos em que será dominado pelas emoções. Para se manter sincronizado, desvie sua atenção das suas emoções e concentre-se na tarefa em questão.

14 CONVERSE COM ALGUÉM QUE NÃO ESTEJA EMOCIONALMENTE ENVOLVIDO NO SEU PROBLEMA

Quando você está com algum problema, seu cérebro pensa sem parar, classificando e analisando informações para decidir o que fazer. O problema é que as únicas informações que seu cérebro tem para tomar a decisão são as informações que você dá a ele – o que você já viu no passado e o que está acontecendo agora. Considerando o modo como a nossa mente é estruturada, é muito fácil ficar preso em uma única linha de pensamento. Se você deixar isso acontecer, estará restringindo seriamente suas opções.

Não é à toa que pode ser um grande alívio conversar com alguém quando você está confuso ou incomodado com alguma situação. Não só vale a pena conversar com alguém que se importa com seus sentimentos como novos pontos de vista também abrem caminhos adicionais para você explorar.

Quando se vir diante de uma situação difícil, procure uma pessoa de confiança com a qual você se sente à vontade e que não seja pessoalmente afetada pela sua situação. Use essa pessoa como uma fonte de opiniões e sugestões para ajudá-lo a analisar os acontecimentos e seus pensamentos e sentimentos relativos à situação. O ponto de vista da pessoa o ajudará a ver as coisas de outro jeito e expandirá suas opções.

Essa pessoa deve ser escolhida com critério e não pode ter qualquer interesse na situação. Quanto mais seus "conselheiros" forem pessoalmente afetados pela situação, mais as perspectivas deles serão maculadas pelas próprias necessidades e sentimentos. As opiniões das pessoas diretamente afetadas pela situação só criarão mais confusão e devem ser evitadas a todo custo. Você também deve evitar pessoas que tendem a simplesmente concordar com você. Apesar de ser bom contar com o apoio dessas pessoas, elas não têm como ajudá-lo a ver a situação como um todo. Pode ser difícil conversar com um potencial advogado do diabo, mas você se beneficiará muito mais ao ser exposto a um ponto de vista diferente do seu.

15 APRENDA UMA VALIOSA LIÇÃO COM TODAS AS PESSOAS QUE CRUZAREM SEU CAMINHO

Pense em uma ocasião na qual uma conversa o colocou imediatamente na defensiva. Lá estava você, empunhando com força sua espada e seu escudo, pronto para a batalha. Talvez você tenha sido criticado por alguém, um colega tenha discordado veementemente de sua opinião ou talvez alguém tenha questionado sua decisão. Pode parecer estranho mas, em momentos como esses, você pode estar perdendo uma valiosa oportunidade de aprender com os outros. Abordar todas as pessoas que cruzarem seu caminho como se elas tivessem algo valioso para ensinar – alguma lição da qual você pode se beneficiar – é a melhor maneira de se manter flexível, com a mente aberta e ficar *muito* menos estressado.

Você pode aplicar essa técnica a praticamente qualquer situação. Digamos que você esteja indo de carro para o trabalho e outro carro entra de repente no seu caminho, vira uma esquina e se distancia rapidamente em outra direção. Até essa pessoa desatenta tem alguma lição para ensinar. Você pode precisar aprender a ter mais paciência com pessoas irritantes. Ou você pode ficar grato por não estar com tanta pressa. É muito mais difícil ficar com raiva, na defensiva e estressado quando você está tentando aprender alguma coisa.

Da próxima vez que você for pego de surpresa e se vir na defensiva, aproveite essa oportunidade de aprender alguma lição. Você pode aprender com a opinião alheia ou só com o modo como a pessoa está se comportando. De qualquer maneira, manter essa postura de aprendizagem é a chave para se manter no controle.

118 Inteligência emocional 2.0

16 RECARREGUE AS BATERIAS MENTAIS E INCORPORE ESSE HÁBITO AO SEU DIA A DIA

Ninguém duvida dos benefícios físicos de exercitar o corpo e parece que sempre tem alguém – um médico, um amigo, um artigo em alguma revista – nos lembrando de que precisamos nos exercitar mais. O que a maioria das pessoas não se dá conta é que os exercícios e outras atividades para relaxar e recarregar as baterias são cruciais para a mente. Se você quiser ser um bom autogestor, precisa dar uma força para sua mente e, surpreendentemente, muito disso se resume ao modo como você trata seu corpo.

Quando você tira um tempo do seu dia para se exercitar e manter seu corpo saudável, sua mente tem como descansar e você estará dando o momento mais importante (tirando o sono) para seu cérebro relaxar e recarregar as baterias. Apesar de o ideal ser alguma atividade física intensa, outras diversões mais relaxantes e igualmente revigorantes também podem ter um grande efeito sobre sua mente. Ioga, massagem, jardinagem ou um passeio pelo parque são todas maneiras relaxantes de dar à sua mente uma pausa para descansar. Essas atividades – embora nenhuma se compare a um exercício físico vigoroso – liberam no seu cérebro substâncias químicas como a serotonina e endorfinas que recarregam as baterias de sua mente e o ajudam a se manter satisfeito e alerta. Essas substâncias também mobilizam e reforçam regiões do cérebro responsáveis pela tomada de decisão, planejamento, organização e pensamento racional.

Para a maioria de nós a maior dificuldade de implementar essa estratégia é encontrar um tempo no nosso dia, já atarefado demais. O trabalho, a família e os amigos tendem a monopolizar o nosso tempo e é difícil encaixar atividades adicionais na nossa lista de prioridades. Se você reconhecer que recarregar as baterias de sua mente é uma atividade de manutenção tão importante para seu cérebro quanto escovar os dentes é para sua boca, vai ficar mais fácil incluir a atividade na sua agenda, no começo da semana, em vez de esperar para ver se você vai ter tempo mais para frente. Se você quiser melhorar suas habilidades de autogestão, valerá muito a pena implementar essa estratégia.

17 ACEITE QUE AS MUDANÇAS SÃO INEVITÁVEIS

Ninguém nasce com uma bola de cristal para prever o futuro. Como você não tem como prever todas as mudanças e todos os obstáculos que a vida vai jogar no seu caminho, a chave para lidar bem com as mudanças é sua perspectiva *antes* mesmo de as mudanças surgirem.

A ideia é se preparar para a mudança. Isso não implica um jogo de adivinhação para testar até que ponto você é capaz de prever o que vem a seguir, mas sim ponderar as consequências de possíveis mudanças para não ser pego de surpresa quando elas surgirem. O primeiro passo é admitir que até as facetas mais estáveis e confiáveis de sua vida não estão totalmente sob seu controle.

> Admita que até as facetas mais estáveis e confiáveis de sua vida não estão totalmente sob seu controle.

As pessoas mudam, empresas passam por altos e baixos, e as coisas simplesmente não passam muito tempo do mesmo jeito. Ao se adiantar às mudanças – e conhecer suas opções caso as mudanças ocorram –, você não é dominado por emoções intensas como choque, surpresa, medo e decepção quando as mudanças de fato ocorrerem. Embora você provavelmente ainda estará exposto a essas emoções negativas, o fato de aceitar que a mudança é uma parte inevitável da vida lhe permite manter o foco e pensar racionalmente, o que é fundamental para se beneficiar ao máximo de uma situação improvável, indesejada ou imprevista.

A melhor maneira de implementar essa estratégia é reservar um tempo toda semana ou duas vezes por mês para criar uma lista de mudanças importantes que você acha que *poderiam* ocorrer. São as mudanças para as quais você vai querer estar preparado. Deixe um espaço abaixo de cada mudança na sua lista para anotar todas as ações possíveis caso a mudança se concretize. E abaixo das ações, anote ideias de coisas que você pode fazer agora para se preparar para a mudança. Quais seriam os sinais de que a mudança é iminente? Será interessante ficar de olho nesses sinais. Se perceber esses sinais, o que você pode fazer para se preparar e minimizar o choque? Mesmo se as mudanças de sua lista nunca se concretizarem, o simples fato de se adiantar a elas e saber o que você faria já o ajudará a ser, em geral, uma pessoa mais flexível e adaptável.

7

ESTRATÉGIAS DE CONSCIÊNCIA SOCIAL

Já aconteceu de um colega vir falar com você e, sem que você dissesse nada, ele soube que você estava tendo um dia difícil e adivinhou por que você estava tão distraído(a)? Ele sabia que você devia ter acabado de sair de uma reunião com o Fulano porque conseguiu ver na sua cara. Ele sabia que era melhor lhe dar um tempo para desabafar, em vez chegar já pedindo aquele favor que ele tinha em mente. Ele deve ter percebido alguma coisa.

E aquela garçonete que parece pressentir o que os clientes querem: um casal está perdido no próprio mundo e prefere não ser incomodado; outro casal prefere conversar com as pessoas; e o cliente da outra mesa prefere um atendimento profissional e cortês, sem muita conversa. Todo mundo que está ali quer comer, beber e ser atendido, mas cada cliente prefere um tipo de atendimento diferente. Como é que a garçonete consegue avaliar rapidamente os clientes e identificar as necessidades deles?

Tanto o colega de trabalho observador quanto a garçonete têm um alto nível de consciência social, uma habilidade que eles usam para reconhecer e entender o estado de espírito de indivíduos e grupos inteiros de pessoas. Seu colega e a garçonete podem ser veteranos nisso, mas eles muito provavelmente aprenderam e praticaram essa habilidade com o tempo.

Em vez de olhar para dentro para se conhecer e se entender melhor, a consciência social implica olhar para fora para conhecer e entender os outros. A consciência social se concentra na nossa capacidade de reconhecer e entender as emoções dos outros. Ao entrar em contato com as emoções alheias quando interagimos com os outros, podemos ter uma ideia mais precisa do nosso entorno, o que afeta tudo, desde os relacionamentos até os resultados financeiros da empresa.

Para desenvolver suas habilidades de consciência social, vale a pena observar as pessoas em todo tipo de situação. Você pode observar alguém de longe, quando estiver na fila do caixa do supermercado ou pode estar no meio de uma conversa observando a pessoa com quem está falando. Fazendo isso, você vai aprender a reconhecer linguagem corporal, expressões faciais, posturas, tons de voz e até coisas que se escondem sob a superfície, como emoções e pensamentos mais profundos.

O interessante de desenvolver uma boa consciência social é que as emoções, expressões faciais e linguagem corporal são as mesmas em muitas culturas diferentes. Você pode usar essas habilidades onde quer que esteja.

As lentes através das quais você vê as pessoas e o mundo não podem estar turvadas nem manchadas. Manter-se totalmente presente no momento e ser capaz de dedicar toda sua atenção aos outros é o primeiro passo para se tornar mais socialmente consciente. Quando olhamos para fora, não usamos apenas os olhos, mas mobilizamos todos os nossos sentidos. Nós não apenas podemos usar plenamente os nossos cinco sentidos básicos, como também podemos incluir o grande volume de informação que chega ao nosso cérebro pelo nosso sexto sentido: as nossas emoções. Elas podem nos ajudar a notar e interpretar sinais enviados pelos outros. Esses sinais nos ajudam a nos colocar na pele da outra pessoa.

As 17 estratégias apresentadas nesta seção vão ajudá-lo(a) a superar os obstáculos ao desenvolvimento da consciência social e darão uma força quando as coisas ficarem difíceis. A nossa percepção tem seus limites, de modo que é fundamental captar os sinais certos. Essas estratégias comprovadas para o desenvolvimento da consciência social ajudam a fazer isso.

ESTRATÉGIAS DE CONSCIÊNCIA SOCIAL

1. Chame as pessoas pelo nome.

2. Observe a linguagem corporal.

3. O *timing* é tudo.

4. Tenha uma pergunta de emergência para fazer.

5. Não faça anotações nas reuniões.

6. Prepare-se para eventos sociais.

7. Arrume a bagunça.

8. Viva no momento.

9. Saia para um passeio de 15 minutos.

10. Observe a inteligência emocional nos filmes.

11. Pratique a arte de ouvir.

12. Saia para ver gente.

13. Conheça as regras do jogo da cultura.

14. Teste a precisão das suas observações.

15. Coloque-se no lugar dos outros.

16. Procure ver o quadro geral.

17. Sinta o clima.

1 CHAME AS PESSOAS PELO NOME

Você pode ter sido batizado(a) em homenagem a um parente ou um amigo especial da família ou pode ter um apelido para abreviar seu longo sobrenome. Não importa qual seja a história do seu nome, ela é uma parte essencial de sua identidade. Gostamos quando as pessoas nos chamam pelo nome e se lembram dele.

Chamar alguém pelo nome é uma das estratégias mais básicas e influentes da consciência social que você pode adotar. É uma forma pessoal e expressiva de estabelecer contato. Se você tende a evitar situações sociais, chamar alguém pelo nome é uma maneira simples de se expor. Chamar as pessoas pelo nome derruba barreiras e é visto como uma atitude cordial e convidativa. Mesmo se você for uma borboleta social, vale muito a pena incorporar a estratégia de chamar as pessoas pelo nome.

> Não importa qual seja a história do seu nome, ela é uma parte essencial de sua identidade. Gostamos quando as pessoas nos chamam pelo nome e se lembram dele.

A essa altura, você já deve estar convencido(a) do valor de chamar as pessoas pelo nome. Agora vamos falar sobre o que fazer a partir daí. Não importa se você tem uma memória fenomenal para nomes, se costuma ser bom(boa) para lembrar rostos mas não nomes ou se normalmente se esquece de qualquer nome 30 segundos depois de ouvi-lo, dedique este mês para praticar dizer "Oi, [nome]" para as pessoas sempre que entram em uma sala e sempre que for apresentado(a) a alguém. Lembrar o nome das pessoas é um exercício mental que requer prática. Se um nome lhe soar estranho, peça que a pessoa o soletre para você poder visualizar o nome escrito. Isso o ajudará a se lembrar do nome mais tarde. Não deixe de usar o nome da pessoa pelo menos duas vezes durante a conversa.

Chamar as pessoas pelo nome não só demonstra que você reconhece que o nome é a essência de quem elas são como também lhe possibilita se conectar com elas em um nível mais do que superficial. Ao lembrar do nome de uma pessoa quando for apresentado(a) a ela ou cumprimentá-lo(a), você está focando sua mente, o que só aguçará sua conscientização em situações sociais.

2 OBSERVE A LINGUAGEM CORPORAL

Pergunte aos jogadores profissionais de pôquer o que eles analisam com mais atenção nos adversários e eles dirão que observam pequenas mudanças do comportamento que indicam o nível de confiança do jogador naquela rodada.

Eles observam a postura, o movimento dos olhos, gestos das mãos e expressões faciais. O jogador confiante que se vangloria de sua mão normalmente está blefando, enquanto o jogador discreto em geral está prestes a revelar um *royal flush*. Para os jogadores profissionais de pôquer, a capacidade de interpretar a linguagem corporal dos adversários pode significar a diferença entre vencer ou ir para casa de mãos vazias. Boas habilidades de consciência social decidem o sucesso ou o fracasso desses jogadores.

Mesmo se você não for um(a) jogador(a) profissional de pôquer, é importante aprender a interpretar a linguagem corporal. Assim, você saberá como as pessoas de fato estão se sentindo e poderá planejar uma reação adequada. Não deixe de avaliar a linguagem corporal da pessoa da cabeça aos pés. Comece pela cabeça e rosto. Os olhos expressam mais do que qualquer outra parte da anatomia humana. Você pode coletar muitas informações analisando os olhos, mas tome cuidado para não ficar encarando demais a pessoa. Um longo contato visual pode demonstrar se a pessoa é confiável, sincera ou interessada. Por outro lado, olhos evasivos ou piscar demais podem sugerir dissimulação. Pessoas com movimentos oculares descontraídos porém atentos à pessoa com quem estão conversando tendem a ser mais sinceras e honestas.

Em seguida, analise o sorriso da pessoa. O sorriso é sincero ou forçado? Os pesquisadores sabem dizer a diferença. Eles procuram uma dobra da pele no canto dos olhos e, se a dobra estiver ausente, o sorriso provavelmente é falso. Sorrisos autênticos mudam rapidamente de um pequeno movimento facial a uma expressão ampla e aberta.

Uma vez analisado o rosto, passe para os ombros, tronco, braços e pernas. Os ombros são relaxados ou a postura é naturalmente empertigada? Braços, mãos, pernas e pés estão em repouso ou agitados? O corpo se comunica sem parar e é uma fonte abundante de informações. Analise com atenção a linguagem corporal em reuniões, em encontros com amigos e ao ser apresentado às pessoas. Quando você se sintonizar com a linguagem corporal, ouvirá as mensagens do corpo em alto e bom som e logo identificará os sinais e será capaz de pegar alguém tentando blefar ou mentir.

3 O *TIMING* É TUDO

Você provavelmente já ouviu a expressão o *timing* é tudo para explicar centenas de situações e cenários diferentes. Ao lidar com as pessoas e suas emoções, o *timing* de fato é tudo. Você adia aquele pedido de aumento quando a empresa não vai bem das pernas, você não tenta corrigir alguém que se sente ameaçado por você e você deixa de pedir um favor quando a pessoa está furiosa ou estressada.

Para praticar seu *timing* no que se refere à consciência social, comece fazendo perguntas. O objetivo é fazer as perguntas certas no momento certo com a atitude mental certa, tudo tendo em vista seu público-alvo.

Pense na seguinte situação: você conversa com uma colega que está desabafando sobre os problemas com o marido. Ela está preocupada com o casamento e você nunca a viu tão nervosa. De repente, você deixa escapar a pergunta: "Você já teve a chance de pensar em ideias para aquela proposta de projeto?" Ela olha sem entender para você, surpresa com sua pergunta. Ela fica com o olhar cravado no chão. E a conversa termina por aí.

Nesse caso você errou o *timing*, a pergunta e a atitude mental. Você fez a pergunta certa no momento certo para você, mas o momento e a atitude mental de sua colega não estavam nem um pouco alinhados com a situação que você criou. Lembre que, no caso, o foco não é em você, mas no outro. Uma pergunta apropriada

Estratégias de consciência social 131

naquele momento para a atitude mental de sua colega teria sido: "Posso fazer alguma coisa para ajudar?" Muito provavelmente ela ficaria grata pelo seu interesse e se acalmaria. Nesse ponto, você poderia fazer sua pergunta com delicadeza, reconhecendo que o *timing* ainda não estaria 100% certo.

Ao praticar seu *timing*, lembre que a chave para a consciência social é se focar nos outros e não em si mesmo.

4 TENHA UMA PERGUNTA DE EMERGÊNCIA PARA FAZER

Às vezes, as conversas não seguem conforme o planejado. A pessoa pode não falar tanto quanto você esperava ou insiste em só dar respostas monossilábicas. Dez segundos de silêncio parecem uma eternidade e a situação fica constrangedora. Você precisa sair rapidamente da situação. E se você tivesse uma pergunta de emergência?

A pergunta de emergência é uma pergunta que você tem sempre à mão para o caso de precisar sair de um silêncio constrangedor ou momento embaraçoso. Usando essa estratégia de consciência social, você ganha tempo para conhecer melhor a pessoa e mostra que está interessado nos pensamentos, sentimentos e ideias do outro. Sua pergunta de emergência pode ser algo como: "O que você acha de [preencha a lacuna]?" Escolha alguma questão que requeira alguma explicação, como o trabalho ou algum evento que você viu no noticiário na TV ou jornal, mas evite política, religião e outras áreas potencialmente delicadas.

Um interlocutor versátil sabe exatamente quando usar sua pergunta de emergência. O melhor momento ocorre quando a conversa precisa de um empurrãozinho e você ainda não está pronto para desistir. Ao usar sua pergunta de emergência, você pode dar a impressão de estar mudando abruptamente de assunto. Não se preocupe. Se a pergunta conseguir dar uma animada na conversa, o resultado foi positivo. Se a conversa continuar meio morta, pode ser interessante incluir com delicadeza outra pessoa na conversa ou pedir desculpas e ir pegar outra bebida.

5 NÃO FAÇA ANOTAÇÕES NAS REUNIÕES

Todo mundo diz que, se quisermos ter sucesso, precisamos aprender a fazer malabarismos com todas as nossas tarefas em um ambiente caótico de trabalho e assumir cada vez mais responsabilidades. Com a multitarefa, quanto maior for o número de tarefas com as quais você consegue fazer malabarismos, maior é seu sucesso, certo? Errado. A multitarefa na verdade sacrifica a qualidade do trabalho, já que o cérebro é simplesmente incapaz de apresentar um bom desempenho em várias atividades ao mesmo tempo.

Digamos que você esteja em uma reunião na qual várias ideias são apresentadas. Os participantes discutem, relacionando os prós e contras de cada ideia. As pessoas tomam nota no flipchart mas você prefere fazer as próprias anotações para não perder nenhum detalhe. Enquanto você escreve no seu bloco de notas, de repente Oscar parece se irritar. Oscar e Melinda se põem a discutir. Você repassa suas anotações e não consegue encontrar a causa da tensão. O que acabou de acontecer? Você deixou passar detalhes cruciais.

> Ao se concentrar nas suas anotações, você deixa de perceber sinais importantes que podem revelar os sentimentos ou pensamentos dos participantes da reunião.

Ao se concentrar nas suas anotações, você deixa de perceber sinais importantes que podem revelar os sentimentos ou pensamentos dos participantes da reunião. Se você quiser saber a história toda e ter uma visão completa da situação, é mais interessante observar os participantes sem a distração do celular e sem se perder digitando ou tomando notas. É muito melhor simplesmente observar. Lembre que o principal objetivo da consciência social é reconhecer e entender o que os outros estão pensando e sentindo. Para tanto, você precisa se concentrar nos outros.

Um excelente lugar para observar os outros é em reuniões. Uma reunião já vem com um público cativo e geralmente as distrações com telefonemas e e-mails são mínimas, apesar da caneta, que está sempre presente. Na próxima reunião, evite tomar notas. Concentre-se em observar o rosto todos os participantes e analisar as expressões deles. Faça contato visual com quem estiver falando. Você vai se sentir mais engajado(a) na situação e focado(a) nos outros e perceberá detalhes que a caneta e o papel sem dúvida deixariam passar.

É bem verdade que fazer anotações tem seu valor. Mas você não precisa passar a reunião inteira tomando notas. Se você precisar fazer anotações para fins práticos, faça uma pausa de tempos em tempos para praticar a observação.

6 PREPARE-SE PARA EVENTOS SOCIAIS

Imagine-se saindo de um jantar com os amigos. Você não acredita que se esqueceu de levar o vinho. Você passou pelo menos dez minutos no jantar se martirizando pela gafe mais outros 15 minutos ouvindo as zombarias bem-humoradas dos seus amigos pelo esquecimento. Ao colocar a chave na ignição, você de repente lembra que você queria pegar o cartão de visitas de Lucas para falar com ele sobre um projeto de marketing, mas acabou se distraindo com o incidente do vinho. E você também pensou que a Silvia parecia meio desanimada no jantar. Por que você não perguntou se ela estava bem?

Você se programou para comparecer ao jantar, mas será que se *preparou* para o jantar? Preparar-se para um evento pode ser sua salvação, independente de ser um jantar com os amigos ou uma reunião de trabalho. Se já chegar com um plano, você libera sua energia mental e sua capacidade mental para se concentrar no momento presente.

Da próxima vez que você confirmar sua presença em algum evento, não deixe de se preparar. Em uma folha de papel, faça uma lista de todas as pessoas que estarão no evento e tudo o que você pretende dizer ou fazer. Não deixe de levar sua lista para o evento!

Agora vamos repassar o cenário do vinho esquecido, mas dessa vez você se prepara e faz uma lista. Ao chegar ao jantar, você entrega o vinho ao anfitrião. Feito. Você vê Lucas na cozinha e o aborda para uma con-

136 Inteligência emocional 2.0

versa rápida e para pedir o cartão de visitas dele. Feito. Você nota que Silvia não está muito bem. Ela parece triste. Você percebe isso imediatamente, não mais tarde, quando já está voltando para casa. Você chama Silvia de lado e pergunta se ela quer conversar. Ela agradece sua preocupação, dá um sorriso e conta o que está acontecendo. Depois da conversa, vocês voltam ao grupo e desfrutam do jantar.

Um pouco de planejamento não só o(a) preparará para o evento como também o(a) ajudará a curtir mais a ocasião, porque você estará menos estressado(a) e mais presente quando estiver lá.

7 ARRUME A BAGUNÇA

Para ser socialmente consciente, você deve estar socialmente presente e se livrar de distrações, especialmente aquelas dentro de sua cabeça. Essas distrações internas são muito parecidas com a bagunça acumulada na garagem ou no guarda-roupa. Você tem coisas úteis guardadas lá, mas o lugar está apinhado e é difícil acessar o que você precisa. A solução é livrar-se da bagunça.

Algumas distrações fazem essa faxina geral valer muito a pena. Em primeiro lugar, todos nós temos uma voz interior falando e tagarelando dentro da nossa cabeça. Estamos sempre falando sozinhos. Ficamos tão ocupados com essas conversas internas que nos distraímos do mundo exterior, o que inibe a nossa consciência social. A segunda distração é um processo no qual planejamos a nossa resposta enquanto o nosso interlocutor ainda está falando. Isso também é contraproducente, já que dificulta prestar atenção a você mesmo(a) e ao outro.

Para organizar essa confusão interna, você pode tomar algumas medidas simples. Quando estiver conversando com alguém, não interrompa a pessoa e espere ela terminar de falar. Em seguida, para silenciar a voz que está planejando sua resposta, é importante se pegar em flagrante. Quando você se pegar fazendo isso, pare e elimine as distrações. Agora volte a se concentrar na expressão e nas palavras do seu interlocutor. Se precisar, incline-se na direção da pessoa para se envolver na conversa. Conscientizar-se das distrações é um sinal do seu progresso, porque no passado você nem chegava a perceber essa bagunça mental.

Lembre que você está conversando para ouvir e aprender alguma coisa, não para impressionar o outro com seus comentários inteligentes. Com o processo de se conscientizar da sua bagunça mental e se livrar dela, você vai ficar cada vez melhor na tarefa de silenciar seus pensamentos internos e poderá se tornar um(a) ouvinte melhor.

8 VIVA NO MOMENTO

Ninguém melhor para viver no momento do que uma criança. As crianças não pensam no que aconteceu ontem e no que pretendem fazer hoje. Vivendo no momento, a criança é o Super-homem combatendo os bandidos e nada mais existe no mundo.

Os adultos, por sua vez, se preocupam com o passado (*Eu não deveria ter feito aquilo*) e se estressam com o futuro (*Como é que eu vou conseguir resolver esse problema amanhã?*). É impossível se concentrar no presente com o futuro e o passado pairando sobre sua cabeça. A consciência social requer que você viva no momento com a naturalidade de uma criança para ser capaz de notar o que se passa com os outros neste exato momento.

> Lembre que planejar o futuro e refletir sobre o passado têm sua utilidade, mas passar o dia inteiro fazendo isso afeta o que está bem na sua frente: o presente.

Incorpore o hábito de ficar no momento presente para melhorar sua consciência social. Ao longo do próximo mês, se você estiver na academia, esteja na academia. Se estiver em uma reunião, esteja na reunião. Onde quer que você esteja, fique o mais presente possível para ver as pessoas ao seu redor e viver naquele momento. Se você se pegar com a cabeça em outro lugar, force-se a voltar para o presente. Lembre que planejar o futuro e refletir sobre o passado têm sua utilidade, mas passar o dia inteiro fazendo isso afeta o que está bem na sua frente: o presente.

9 SAIA PARA UM PASSEIO DE 15 MINUTOS

Você já deve ter ouvido falar que o que importa na vida é a jornada, não o destino. Para se tornar mais socialmente consciente, você precisa se lembrar de aproveitar a jornada e notar as pessoas que encontra pelo caminho. Se você só estiver focado(a) em chegar à próxima reunião, começar o próximo semestre na faculdade, atender o próximo paciente, conseguir visitar todos seus clientes do dia ou enviar o próximo e-mail, você deixará de notar todas as pessoas que encontrará entre os pontos A e B.

Para se voltar à jornada, reserve um tempo para andar pelo seu ambiente de trabalho e observar o entorno. Sair de sua sala ou de sua mesa para um rápido passeio o(a) ajudará a entrar em sintonia com as pessoas e as emoções alheias e a redirecionar sua atenção para alguns dos sinais sociais mais sutis, porém cruciais, que estão aí, bem debaixo do seu nariz.

Ao longo do seu dia de trabalho, reserve 15 minutinhos para observar coisas que você nunca percebeu antes. Você pode dar uma olhada nas salas e baias dos colegas, nas pessoas diferentes andando pelo escritório em momentos diferentes e observar quem gosta de conversar e quem passa o dia inteiro sem interagir muito com os outros.

No dia seguinte, dê um passeio pelo escritório observando o estado de espírito das pessoas. Ao analisar o estado de espírito das pessoas do escritório, você po-

142 Inteligência emocional 2.0

derá ter uma boa ideia de como vão as coisas, tanto individual quanto coletivamente. Note como as pessoas podem estar se sentindo ou como você se sente quando dá uma parada para uma rápida conversa. Observe também o clima geral no escritório, na escola, no consultório, na fábrica... enfim, onde quer que seja seu ambiente de trabalho. Preste atenção no que você vê, ouve e percebe nas pessoas.

Reserve 15 minutos na sua agenda para dar um passeio pelo seu ambiente de trabalho duas vezes por semana durante um mês. Nessas expedições de observação, evite fazer suposições ou tirar conclusões demais. Basta se limitar a observar. Você vai se surpreender com o que vai encontrar pelo caminho.

10 OBSERVE A INTELIGÊNCIA EMOCIONAL NOS FILMES

Hollywood, a capital internacional do entretenimento, conhecida pelo esplendor, glamour e celebridades. Acredite se quiser mas Hollywood também lhe dá uma excelente oportunidade para desenvolver sua consciência social.

Afinal, a arte imita a vida, não é mesmo? Os filmes são uma ótima maneira de ver as habilidades de inteligência emocional em ação, demonstrando comportamentos que você pode querer imitar ou evitar. Os melhores atores são mestres em evocar emoções e é fácil observar as emoções na tela à medida que os personagens vivem a história.

Para melhorar sua consciência social, você precisa praticar a observação do que se passa com os outros e não faz diferença se você praticar usando o protagonista de um filme ou uma pessoa real. Se você ficar atento a sinais sociais quando estiver vendo um filme, estará praticando a consciência social. Além disso, como não está vivendo a situação, você terá um envolvimento social menor e as distrações serão reduzidas. Você pode usar sua energia mental para observar os personagens em vez de lidar com a situação.

Ao longo do próximo mês, assista a dois filmes especificamente para observar as interações, as relações e os conflitos entre os personagens. Analise a linguagem corporal para saber como cada personagem está se sentindo e observe como os personagens lidam com os conflitos. À medida que a história se desenvolve e vai revelando mais informações sobre os personagens, volte e reveja o filme para identificar sinais sociais que você pode ter deixado passar da primeira vez. Pode ser difícil acreditar, mas ver filmes de ficção pode ser uma das maneiras mais proveitosas e divertidas de praticar habilidades de conscientização social que você pode aplicar no mundo real.

11 PRATIQUE A ARTE DE OUVIR

Pode parecer básico demais para ser mencionado, mas ouvir é uma estratégia e uma habilidade que está em extinção. Todo mundo acha que é um bom ouvinte, mas se colocarmos um grupo de adultos brincando de telefone sem fio hoje em dia, você acha mesmo que a mensagem final será precisa? Ouvir requer foco e não é fácil nos focar quando dezenas de coisas diferentes tentam chamar a nossa atenção ao mesmo tempo.

Ouvir não envolve apenas escutar as palavras, mas também interpretar o tom, a velocidade e o volume da voz de quem fala. O que está sendo dito? O que não está sendo dito? Que mensagens se escondem nas entrelinhas? Você já deve ter presenciado uma palestra ou apresentação na qual o orador usou palavras de efeito, mas o tom, a velocidade e o volume não coincidiam com a força das palavras. Na verdade, esses fatores provavelmente coincidiram com a atitude mental do orador.

A nossa sugestão é que você pratique a seguinte estratégia: quando alguém estiver falando com você, pare tudo o que estiver fazendo e ouça com toda a atenção até a pessoa terminar de falar. Quando estiver em um telefonema, não tente escrever um e-mail ao mesmo tempo. Quando seu filho lhe fizer uma pergunta, feche seu laptop e olhe para ele ao responder. Quando você estiver jantando com a família, desligue a TV e ouça o que está sendo dito. Quando fizer uma reunião com alguém, feche a porta e sente-se perto da pessoa para poder se concentrar e ouvir. Medidas simples como essas o(a) ajudam a se manter no momento presente, perceber os sinais que as pessoas estão enviando e realmente ouvir o que está sendo dito.

12 SAIA PARA VER GENTE

Às vezes, tudo o que você quer fazer é sentar, relaxar e ver o mundo passar ou, no caso, ver as pessoas passarem. Vá ao seu café preferido e apenas observe as pessoas entrando e saindo com seus cafés ou casais andando de mãos dadas na rua. Ao fazer isso, você estará implementando uma das melhores estratégias de consciência social.

Ao fazer uma pausa para observar, você notará as pessoas revelando seu estado de espírito. Note como as pessoas interagem umas com as outras na fila do café, no supermercado ou em outros locais públicos, excelentes para praticar. Observe as pessoas vendo os produtos nas prateleiras do supermercado e se elas andam rápido ou devagar. Você pode manter uma distância segura e praticar a identificação da linguagem corporal ou sinais não verbais para analisar o que as pessoas devem estar sentindo ou pensando.

Sair para ver gente é um jeito seguro de detectar sinais não verbais, observar interações e analisar motivações ou emoções ocultas sem se envolver na interação. A capacidade de identificar o estado de espírito e as emoções dos outros constitui uma grande parte da consciência social e, muitas vezes, passamos pelo mundo sem notar esse tipo de coisa. Então, na semana que vem, vá ao seu café preferido, peça sua bebida favorita e acomode-se. Você estará no lugar perfeito para trabalhar a consciência social.

13 CONHEÇA AS REGRAS DO JOGO DA CULTURA

A consciência social vai muito além de simplesmente identificar os sinais emocionais dos outros. Vamos dizer que você entra em uma nova empresa. Para ter sucesso, você vai precisar aprender como as coisas são feitas na cultura dessa empresa. Seu gestor o(a) coloca para dividir uma sala com Lac Su. Para se dar bem com Lac, você também vai precisar saber como a formação cultural e familiar dele afeta as expectativas que ele tem em relação a você, o novo colega de trabalho. Você só terá condições de interpretar as ações ou reações de Lac quando souber quais regras Lac tende a seguir.

Como assim, regras? Grande parte de fazer e dizer as coisas certas em situações sociais resulta de conhecer as regras do jogo da cultura. O nosso mundo é uma mistura de culturas muito diferentes. Essas culturas interagem, convivem e fazem negócios umas com as outras seguindo regras muito específicas. Não é possível contornar essa realidade e precisamos aprender a nos tornar emocionalmente inteligentes em diferentes culturas.

O segredo para vencer nesse jogo da cultura é tratar os outros como eles gostariam de ser tratados e não como você gostaria de ser tratado. O truque é identificar as regras diferentes de cada cultura. Para complicar ainda mais as coisas, as regras que você deve observar e dominar incluem não só a cultura étnica, mas também a cultura familiar e a cultura organizacional.

Estratégias de consciência social 149

Como é possível dominar vários conjuntos de regras ao mesmo tempo? O primeiro passo é ouvir e observar ainda mais e por mais tempo do que faria com pessoas de sua própria cultura. Faça várias observações e pense antes de tirar conclusões precipitadas. Pense como se fosse um(a) novato(a) e, antes de abrir a boca e cometer alguma gafe, observe as interações das pessoas. Procure semelhanças e diferenças entre o modo como você jogaria o jogo e o modo como os outros estão jogando.

Em seguida, faça perguntas específicas. Você pode precisar conversar com as pessoas em encontros externos ou nos bastidores. Muitas culturas, tanto organizacionais quanto étnicas, valorizam a interação social em algum almoço ou jantar antes de entrar nos negócios. Essa abordagem faz muito sentido, já que a interação social reforça a consciência social dos dois lados e os prepara para jogar conforme as regras do jogo.

14 TESTE A PRECISÃO DAS SUAS OBSERVAÇÕES

Até as pessoas mais socialmente conscientes enfrentam dificuldades ou situações que elas não conseguem entender muito bem. A situação pode envolver tanta interferência e agitação que fica difícil fazer uma boa análise no meio do ritmo frenético. Ou essas pessoas socialmente conscientes têm quase certeza do que está se passando, mas precisam validar suas observações. Nesses casos, uma estratégia de consciência social pode ajudá-lo(a) a conseguir todas as respostas necessárias: é só perguntar.

Como assim só perguntar? Lembre que todas as perguntas têm seu valor. Todos nós, novatos ou veteranos na consciência social, precisamos confirmar as observações sociais mais cedo ou mais tarde. A melhor maneira de testar a precisão das suas observações é simplesmente perguntar se o que você observou em pessoas ou situações é de fato o que está ocorrendo.

Você pode ter esbarrado com Artur no escritório e notado que ele parecia chateado, com a cabeça baixa e os olhos cravados no chão. Você pergunta se ele está bem e ele responde que está tudo bem.

As evidências que você observou contam outra história. Ele diz que está bem, mas não parece bem. Nesse momento, faça uma pergunta voltada a instigar a reflexão e esclarecer suas observações. Diga algo como: Você parece chateado. Aconteceu alguma coisa? O simples fato de expor os sinais que você observou (*você parece chateado*) e fazer uma pergunta direta (*aconteceu alguma coisa?*)

é a melhor maneira de fazer uma afirmação voltada a provocar a reflexão. Abordar Artur diretamente e demonstrar seu interesse provavelmente o levará a contar o que você quer saber.

Outro tipo de pergunta para testar a precisão das suas observações se concentra em mensagens não explícitas ou, em outras palavras, não naquilo que foi necessariamente dito. Como as pessoas nem sempre dizem aberta e diretamente como estão se sentindo sobre alguma coisa, elas tendem a dar sinais sutis. Se você não se acanhar e simplesmente perguntar, cria uma excelente oportunidade de verificar se percebeu os sinais e os interpretou corretamente. Você também terá a chance de descobrir onde errou caso tenha tirado conclusões precipitadas ou deixado escapar algum sinal.

Testar a precisão das suas observações lhe dará uma compreensão mais penetrante das situações sociais e ajudará a perceber sinais que normalmente passariam despercebidos. Se você não perguntar, nunca vai saber ao certo.

15 COLOQUE-SE NO LUGAR DOS OUTROS

Os atores fazem isso o tempo todo. O trabalho deles é entrar nos personagens. Os atores mobilizam as mesmas emoções e sentimentos, incorporando a mente e as motivações dos personagens. É assim que atores que tiveram uma excelente criação e uma infância saudável conseguem interpretar os personagens disfuncionais mais convincentes... e vice-versa. Depois que os atores fazem seu trabalho, em vez de reclamar do processo, eles normalmente dizem que aprenderam a gostar do personagem que incorporaram, mesmo quando interpretaram o vilão da história.

Colocar-se no lugar dos outros é a consciência social em sua melhor forma. E não é exclusividade dos atores. Todos nós podemos usar essa técnica para entender melhor a situação, conhecer mais profundamente as pessoas, melhorar a nossa comunicação e identificar problemas antes de se agravarem. Se você acha que não precisa disso, quando foi a última vez que você pensou: *Teria sido bom se eu soubesse que Jane pensava assim.* Quando você pensar isso, já é tarde demais. Não teria sido melhor saber disso antes?

Para praticar essa estratégia, você precisa se fazer perguntas que começam com: Se eu fosse essa pessoa... Digamos que você está em uma reunião e alguém coloca Rafael contra a parede, questionando decisões que ele tomou em um projeto problemático. Se estivesse sendo questionado dessa forma, você provavelmente ficaria na defensiva. Mas lembre que não se trata de você, mas sim de Rafael. Deixe de lado suas crenças, emoções, modos de pensar e tendências e tente se colocar no lugar de Rafael nessa situação. Pergunte-se: *Se eu fosse o Rafael, como responderia essa pergunta?* Para responder essa questão, use suas experiências com Rafael para saber como ele reagiria: como ele reagiu em situações semelhantes no passado, como ele costuma agir quando é pressionado, como ele se porta em grupos e em situações um a um. Como ele agiu e o que ele disse? Todas essas informações são cruciais.

Como saber se você está no caminho certo? Se você tiver uma certa intimidade com Rafael e o *timing* for certo, aborde-o depois da reunião e faça perguntas para validar suas constatações. Se você não tiver como abordar Rafael diretamente, tente outra situação com alguma outra pessoa para testar suas ideias. Quanto mais você praticar e receber feedback, mais será capaz de entrar na pele dos outros.

16 PROCURE VER O QUADRO GERAL

Como nos vemos através das nossas próprias lentes cor-de-rosa, muito provavelmente só conseguimos ver uma parte de tudo o que há para ver sobre nós mesmos. Se tivesse a chance, você estaria disposto(a) a ver a si mesmo pelos olhos de quem mais o conhece? Voltar-se para fora e buscar esse feedback são medidas cruciais para desenvolver a consciência social por lhe dar a chance de saber como você é visto(a) pelos outros ou, em outras palavras, ver o quadro geral.

Para se aproveitar dessa oportunidade, você precisará de coragem e força para pedir que seus fãs e seus críticos lhe digam com sinceridade o que pensam de você. E se eles estiverem errados? E se forem duros demais? E se estiverem certos?

Não importa as respostas, as percepções das pessoas são importantes por afetarem você e sua vida. Por exemplo, se as pessoas acharem que você é passivo demais nas reuniões quando você simplesmente precisa de um tempo para pensar antes de falar, as percepções alheias afetam quais oportunidades lhe são oferecidas. Seu gestor decide não nomear você para presidir um comitê porque você é visto(a) como uma pessoa passiva, não como uma pessoa ponderada.

O melhor método para saber como você é visto(a) pelos outros é simples e bastante eficaz. No que se refere à inteligência emocional, você pode fazer um levantamento de 360° graus se autoavaliando e pedindo

Estratégias de consciência social 155

que as pessoas respondam perguntas sobre suas habilidades de autoconsciência, autogestão, consciência social e gestão de relacionamentos. O resultado será uma visão completa, incluindo tanto sua percepção quanto a percepção dos outros. Acredite se quiser, mas o que os outros dizem a seu respeito costuma ser mais preciso do que sua opinião sobre si mesmo. De qualquer maneira, não importa quais sejam essas percepções, é importante se conscientizar para saber como a opinião dos outros pode afetar sua vida.

Reúna coragem e peça que um grupo de pessoas o ajude a se conhecer um pouco melhor revelando como elas o veem. Se você não puder ser uma mosca na parede ou gravar a si mesmo(a) em vídeo para ver depois, essa é a melhor maneira de se ver pelos olhos dos outros.

17 SINTA O CLIMA

Quando você dominar a análise e a interpretação dos sinais não verbais e emoções dos outros, estará pronto para analisar e interpretar uma sala inteira cheia de pessoas. Pode parecer difícil, mas é só aplicar o que você já aprendeu sobre a consciência social, só que em uma escala maior.

Basicamente existem duas maneiras de sentir o clima de uma sala cheia de gente. Primeiro, você pode contar só com seus instintos. As emoções são contagiantes, originando-se em uma ou duas pessoas, espalhando-se até criar um clima palpável e coletivo que você vai conseguir sentir de um jeito ou de outro. Por exemplo, imagine entrar em um ambiente com 125 empresários fazendo o networking e trocando ideias. É bem provável que o clima será de empolgação e você não deverá levar muito tempo para sentir a energia positiva do ambiente. Você ouve o tom de voz e vê a postura e a linguagem corporal focada e interessada das pessoas. Agora imagine entrar em um lugar com 125 pessoas esperando para serem escolhidas para compor uma banca de jurados em um tribunal

> As emoções são contagiantes, originando-se em uma ou duas pessoas, espalhando-se até criar um clima palpável e coletivo que você vai conseguir sentir de um jeito ou de outro.

dos Estados Unidos. As pessoas estão em silêncio, tentando se distrair lendo, ouvindo música ou fazendo qualquer outra coisa para passar o tempo. Apesar de os americanos terem o dever cívico de comparecer quando são chamados, quase ninguém gostaria de estar lá. Os dois estados de espírito são tão diferentes quanto a noite e o dia.

Veja como você pode sentir o clima. Ao entrar no local, passe os olhos pelo ambiente e veja se consegue sentir e ver alguma energia ou se o local está em silêncio. Observe se as pessoas estão sozinhas ou em grupos. Eles estão falando e gesticulando? Algumas pessoas estão mais animadas que as outras? O que seus instintos lhe dizem sobre elas?

Outra maneira de analisar o clima do ambiente é ir acompanhado de um guia mais experiente, como um turista que faz um safari na África. Seu guia deve ser um expert em consciência social e deve estar disposto a lhe ensinar como explorar seus instintos e sentir o clima do ambiente. Acompanhe seu guia e peça para ele ir descrevendo o que ele está sentindo e vendo. Pergunte quais são as impressões dele e quais elementos o ajudam a identificar o ânimo das pessoas. Com o tempo, você vai melhorar tanto que também poderá atuar como o guia dos outros. Analise o ambiente e compare suas percepções com as do seu guia. Com esse exercício, você logo vai conseguir perceber sutilezas como seu guia e seguir por conta própria.

A natureza e o comportamento humano podem não diferir tanto do que acontece na savana africana. Quanto antes você conseguir aprimorar sua capacidade de identificar fatores como segurança, interesse ou mudanças de humor em grupos, maior será sua capacidade de transitar pelas regiões inexploradas e selvagens de sua vida.

8

ESTRATÉGIAS DE GESTÃO DE RELACIONAMENTOS

A maioria das pessoas é empolgada e otimista quando entra em um novo relacionamento (profissional ou pessoal), mas tropeça e se desanima tentando manter os relacionamentos em longo prazo. A realidade logo entra em ação e a lua de mel, mais cedo ou mais tarde, chega ao fim.

A verdade é que todos os relacionamentos dão trabalho, até os melhores, que parecem não dar trabalho algum. Todo mundo já ouviu falar isso, mas será que de fato entendemos a mensagem?

Cultivar um relacionamento requer tempo, esforço e conhecimento. O conhecimento é a inteligência emocional. Se você quiser um relacionamento resistente e capaz de crescer com o tempo e no qual você e o outro terão suas necessidades satisfeitas, vocês vão precisar dessa última habilidade da inteligência emocional: a gestão de relacionamentos.

Por sorte, essas habilidades de gestão de relacionamentos podem ser aprendidas e mobilizam as outras três habilidades de inteligência emocional que você já conhece: a autoconsciência, a autogestão e a consciência social. Você pode usar suas habilidades de autoconsciência para se conscientizar dos próprios sentimentos e avaliar se suas necessidades estão sendo satisfeitas. Você pode usar suas habilidades de autogestão para expressar seus sentimentos e agir de acordo para fortalecer a relação. Por fim, você pode usar suas habilidades de consciência social para conhecer melhor as necessidades e os sentimentos do outro.

No fim das contas, ninguém é uma ilha e os relacionamentos são uma parte essencial e gratificante da vida. Como você constitui a metade de qualquer relacionamento, tem a metade da responsabilidade de aprofundar essas conexões. As 17 estratégias a seguir vão ajudá-lo a trabalhar os elementos cruciais para cultivar bons relacionamentos.

ESTRATÉGIAS DE GESTÃO DE RELACIONAMENTOS

1. Mantenha-se sempre aberto e curioso.

2. Aprimore seu estilo natural de comunicação.

3. Evite enviar sinais confusos.

4. Lembre-se dos pequenos, porém importantes detalhes.

5. Saiba aceitar as críticas.

6. Cultive a confiança.

7. Tenha uma política de portas abertas.

8. Só fique com raiva quando quiser.

9. Não tente evitar o inevitável.

10. Reconheça os sentimentos do outro.

11. Complemente as emoções ou a situação do outro.

12. Se você se importa com o outro, demonstre isso.

13. Explique suas decisões.

14. Saiba dar um feedback direto e construtivo.

15. Alinhe sua *intenção* com seu *impacto*.

16. Use frases reparadoras para resolver problemas de comunicação.

17. Não fuja das conversas difíceis.

1 MANTENHA-SE SEMPRE ABERTO E CURIOSO

Podemos imaginar alguns leitores pensando: "Ah, ainda por cima eu preciso ser aberto e curioso com as pessoas no trabalho também? Eu não posso só trabalhar nos meus projetos e fazer o que fui contratado para fazer e deixar todo esse sentimentalismo de lado?". Na verdade, firmar, cultivar e manter relacionamentos fazem parte do seu trabalho, mesmo se você trabalhar só com uma pessoa. Manter os relacionamentos pode não constar de sua descrição de cargo e as pessoas podem nem falar a respeito, mas, se você quiser ter sucesso, manter-se aberto e curioso é absoluta e inequivocamente uma parte do seu trabalho.

Vamos dar uma olhada no que significa manter-se aberto no contexto da gestão de relacionamentos. Manter-se aberto significa falar sobre si mesmo com os outros. Você pode usar suas habilidades de autogestão para decidir até que ponto quer se abrir e o quanto quer revelar, mas saiba que você se beneficiará dessa postura. Afinal, quando as pessoas o conhecem, isso lhes deixa menos espaço para erros de interpretação. Por exemplo, se você acha muito importante chegar cinco minutos antes nas reuniões e se irrita quando as pessoas entram despreocupadamente no início da reunião ou até um pouco atrasadas, você pode ser visto como uma pessoa irritadiça e austera demais. Se essas mesmas pessoas souberem que você passou os cinco primeiros anos de sua carreira nos fuzileiros navais, seus colegas vão entender e poderão até dar valor à sua pontualidade e cortesia. E – quem sabe? – eles podem até adotar a mesma atitude!

Para gerenciar bem um relacionamento, não basta se abrir para os outros. Você também precisa se interessar pela história dos outros. Em outras palavras, você precisa ser curioso. Quanto mais você demonstrar interesse e aprender sobre os outros, maiores são as chances de satisfazer as necessidades deles e evitar mal-entendidos.

Ao fazer perguntas, use sua consciência social para escolher um local e momento apropriado. Use um tom curioso, parecido com o modo como o Papai Noel pergunta a uma criança o que ela gostaria de ganhar no Natal. O tom oposto seria de crítica. Pense no tom de alguém perguntando algo como: "O que deu na sua cabeça para decidir comprar uma moto?" ou "Você se formou em filosofia? O que você planejava fazer com *isso*?".

Quando você faz perguntas e a pessoa se abre, você não só fica sabendo de informações que ajudam a gerenciar o relacionamento, como a pessoa também vai ficar grata pelo interesse que você demonstrou. Não importa se você estiver começando um novo relacionamento, em um relacionamento antigo ou até se vocês estiverem em uma fase difícil, reserve alguns minutos do seu dia para identificar alguns relacionamentos que requerem sua atenção e dê um jeito de ser aberto e curioso com essas pessoas.

2 APRIMORE SEU ESTILO NATURAL DE COMUNICAÇÃO

O seu estilo natural, seja ele dar sua humilde opinião em uma conversa ou evitar confrontos, afeta seus relacionamentos. Agora você tem a chance de usar suas habilidades de autoconsciência, autogestão e consciência social para influenciar seu estilo natural.

Em uma folha de papel, descreva seu estilo natural. Você pode usar os termos que quiser. Pense em como você acha que seus amigos, parentes e colegas veem seu estilo. É um estilo direto, indireto, descontraído, sério, divertido, discreto, controlado, tagarela, intenso, curioso, descolado, intrusivo? Você já deve ouvido o termo descritivo do seu estilo mais de uma vez.

Do lado esquerdo da folha de papel, anote rapidamente os aspectos positivos do seu estilo natural. São as coisas das quais as pessoas gostam quando interagem com você. Do lado direito, relacione os pontos negativos ou coisas que criaram confusão, levaram a reações estranhas ou causaram problemas.

Quando terminar sua lista, escolha três aspectos positivos que você poderia usar mais para melhorar sua comunicação. Em seguida, escolha três aspectos negativos e pense em maneiras de eliminá-los, reduzi-los ou melhorá-los. Seja honesto e leve em consideração seus limites no que se refere ao que você de fato fará ou não. Se você precisar de ajuda para descobrir o que lhe renderá os melhores resultados, basta pedir sugestões aos seus amigos, colegas e parentes. Divulgar seu plano também o forçará a prestar contas do seu progresso e o ajudará a promover melhorias duradouras nos seus relacionamentos.

3 EVITE ENVIAR SINAIS CONFUSOS

Todos nós consultamos os semáforos para nos dizer quando podemos passar com segurança em um cruzamento. Quando os semáforos não estão funcionando, o cruzamento se transforma em uma situação do tipo "cada um por si". As pessoas ficam confusas e, quando chega a vez delas de cruzar, elas olham com cautela para todos os lados antes de avançar. Quando os semáforos estão funcionando, confiamos no sistema porque fica claro o que precisamos fazer: parar no sinal vermelho e avançar no sinal verde. O mesmo pode ser dito para os sinais que enviamos às pessoas que participam dos nossos relacionamentos.

Os sentimentos expressam a verdade e eles dão um jeito de se manifestar nas nossas reações e linguagem corporal, mesmo quando as palavras que escolhemos exprimem outra coisa. A conta não fecha quando você diz à sua equipe com a voz tensa e um olhar carrancudo que eles fizeram um ótimo trabalho no lançamento de um produto. As palavras não correspondem com a linguagem e a mensagem acaba saindo confusa. As pessoas confiam mais no que veem do que no que ouvem.

> As pessoas confiam mais no que veem do que no que ouvem.

Mesmo se for um excelente autogestor, você não tem como impedir suas emoções de subirem à tona. Você sente muitas emoções todos os dias e seu cérebro não tem como examinar cada uma delas. Em uma conversa, você pode di-

Estratégias de gestão de relacionamentos 165

zer algo que se passa pela sua cabeça ao mesmo tempo que seu corpo reage a uma emoção que você sentiu minutos atrás.

As pessoas podem sair confusas e frustradas quando você diz uma coisa e seu corpo ou tom de voz diz outra. Com o tempo, essa confusão levará a problemas de comunicação que podem afetar seus relacionamentos. Para resolver o problema dos sinais confusos, use suas habilidades de autoconsciência para identificar suas emoções e aplique suas habilidades de autogestão para decidir quais sentimentos expressar e como expressá-los.

Às vezes pode ser mais interessante que nem todos seus sinais sejam coerentes. Digamos que você fica com raiva em uma reunião, mas não pode demonstrar sua raiva no momento. O melhor a fazer é colocar sua raiva em segundo plano por enquanto, mas sem ignorar o sentimento para sempre. Escolha um momento quando você vai poder expressar sua raiva: um momento no qual a raiva não o prejudicará, mas produzirá os resultados mais positivos. Se sua emoção for intensa demais e você não conseguir deixá-la em banho-maria, o melhor a fazer é explicar o que está acontecendo (por exemplo, "Se eu parecer distraído, é porque não consigo parar de me preocupar com uma conversa difícil que tive hoje de manhã").

Dedique o próximo mês a prestar muita atenção e tentar corresponder seu tom de voz e linguagem corporal ao que você quer dizer. Pense em todos aqueles momentos nos quais você diz que você está bem mas seu corpo, seu tom de voz ou seu comportamento envia sinais completamente diferentes. Quando você se pegar enviando sinais confusos, ajuste os sinais para eles serem coerentes ou explique a incompatibilidade.

4 LEMBRE-SE DOS PEQUENOS, PORÉM IMPORTANTES DETALHES

Já ficou mais do que claro em qualquer canal de notícias, reality show, seriado cômico ou jornal que a mídia se alimenta da ideia de que a cortesia parece estar em processo de extinção na sociedade moderna. Com o declínio das boas maneiras, as pessoas expressam menos seu apreço ou gratidão. Nos dias de hoje, em relacionamentos tanto pessoais quando profissionais, expressões como "por favor", "obrigado" e "sinto muito" estão caindo em desuso.

A maioria dos empregados diria que a empresa *nunca* lhes agradeceu por suas contribuições, mas concordaria que ouvir um "obrigado", um "por favor" ou até um "sinto muito" poderia ajudar a melhorar o moral no trabalho.

Será que você realmente diz "obrigado", "por favor" ou "sinto muito" quando a situação pede essas expressões? Se não, você pode estar sendo controlado pela falta de tempo, pelo hábito ou até por um orgulho ferido. Comece a criar o hábito de incorporar mais dessas expressões nos seus relacionamentos. Ou melhor ainda, por favor, crie o hábito de usar mais dessas expressões em todas as situações ao longo do dia. Obrigado.

5 SAIBA ACEITAR AS CRÍTICAS

Quando você recebe um feedback, ganha um valioso presente. Um feedback nos ajuda melhorar de maneiras que às vezes não conseguiríamos enxergar por conta própria. Como você nunca sabe exatamente o que você vai receber, contudo, o feedback pode ser como abrir um presente e encontrar um par de meias amarelas listradas com lantejoulas vermelhas.

O fator surpresa pode nos pegar desprevenidos, de modo que precisamos nos preparar aplicando as nossas habilidades de autoconsciência. *Como eu me sinto quando sou pego de surpresa? Como eu demonstro os meus sentimentos?* Uma vez que você se conscientizar das respostas a essas perguntas, passe para suas habilidades de autogestão: *qual reação eu deveria escolher?*

Veja algumas dicas para aprender a receber bem o feedback. Em primeiro lugar, pense em quem está dando o feedback. É bem possível que a pessoa tenha um ponto de vista relevante – ela o conhece bem e viu seu desempenho – e se interesse pelo seu aprimoramento.

Quando você receber um feedback, mobilize suas habilidades de consciência social para realmente ouvir o que está sendo dito. Faça perguntas para esclarecer dúvidas e peça exemplos para ajudá-lo a entender melhor o ponto de vista da pessoa. Independente de você concordar ou não com o que foi dito, agradeça pelo feedback. Afinal, a pessoa demonstrou boa vontade ao se dispor a lhe dar o feedback.

Depois de receber o feedback, use suas habilidades de autogestão para decidir o que fazer em seguida. Não se sinta pressionado a sair em ação precipitadamente. O tempo pode ajudá-lo absorver a mensagem, analisar seus sentimentos e ideias e decidir o que fazer com o feedback. Você se lembra da lista Emoçãos *versus* Razão?

Receber feedback talvez seja a parte mais difícil do processo. Quando você decidir o que fazer com o feedback, não deixe de seguir seu plano. Suas ações mostrarão à pessoa que lhe deu o feedback que você valoriza a opinião dela. Leve o feedback a sério e tente fazer o que lhe foi sugerido. Essa pode ser a melhor maneira de consolidar seu relacionamento com a pessoa.

6 CULTIVE A CONFIANÇA

Você já participou de um exercício para praticar a confiança? O exercício costuma ser algo assim: você fica de pé, de costas para um parceiro e a cerca de um metro dele. Você fecha os olhos, vocês contam até três e você cai para trás na direção do seu parceiro para que ele possa pegá-lo. Quando você é pego, todo mundo dá risada, aliviado por ter dado tudo certo. Como se a confiança fosse só uma questão de braços fortes e um bom equilíbrio.

Um autor desconhecido disse: "A confiança é um recurso peculiar. Ela aumenta em vez de ser exaurida pelo uso". Leva tempo cultivar a confiança, que, ainda por cima, pode se perder em questão de segundos. E o cultivo da confiança pode ser o nosso objetivo mais importante e mais difícil ao gerenciar os nossos relacionamentos.

> "A confiança é um recurso peculiar. Ela aumenta em vez de ser exaurida pelo uso".

Como cultivar a confiança? Comunicação aberta; disposição de se abrir; palavras, ações e comportamentos coerentes ao longo do tempo; e a capacidade de levar os planos do relacionamento até o fim, só para mencionar alguns exemplos. A ironia é que, na maioria dos relacionamentos, é preciso ter um certo nível de confiança para começar a desenvolver a confiança.

Para desenvolver a confiança, use as habilidades de autoconsciência e autogestão para ser o primeiro a se abrir com franqueza e honestidade. Lembre que é mais interessante se abrir um pouco de cada vez. Você não precisa ser um livro aberto logo de cara.

Para gerenciar seus relacionamentos, você precisa gerenciar a confiança dos outros em você, o que é crucial para aprofundar sua conexão com as pessoas. Leva tempo cultivar relacionamentos e desenvolver a confiança. Identifique os relacionamentos de sua vida que se beneficiariam de mais confiança e use suas habilidades de autoconsciência para descobrir o que está faltando. Use suas habilidades de consciência social e pergunte à pessoa o que você precisaria fazer para ela confiar mais em você... e ouça a resposta com atenção. O simples fato de você perguntar já mostrará que você se importa com o relacionamento e o ajudará a desenvolver a confiança e aprofundar o relacionamento.

7 TENHA UMA POLÍTICA DE PORTAS ABERTAS

Vejamos uma rápida lição da história americana que pode ajudar a exemplificar essa estratégia. A política das Portas Abertas foi criada em 1899, quando os Estados Unidos temiam perder seus privilégios comerciais no Oriente. Os Estados Unidos declararam essa política, dando a todas as nações que comercializavam entre si acesso ao mercado chinês.

Acesso é uma palavra importante que resume o conceito das portas abertas. A ideia do acesso se estendeu rapidamente, além dos acordos comerciais para incluir também o ambiente de trabalho. Hoje em dia, uma verdadeira política de portas abertas permite que todos os colaboradores conversem com colegas de qualquer nível na hierarquia da organização, promovendo a comunicação de todos com os níveis hierárquicos superiores por meio de um acesso direto e fácil.

Pergunte às pessoas ao seu redor se elas acham que você deveria adotar uma política de portas abertas para gerenciar melhor seus relacionamentos. Se você precisa ser mais acessível e mostrar às pessoas que elas podem ter conversas informais e não programadas com você, pode ser muito interessante adotar uma política como essa.

Tenha em mente que você não precisa ficar disponível para todas as pessoas em todos os momentos. Você só precisa comunicar e seguir sua política. Use suas habilidades de autoconsciência para descobrir como pode adaptar a política e mobilize suas habilidades de autogestão para garantir o sucesso dessa política na sua vida. Observações e comentários das pessoas, também conhecidos como consciência social, também devem ajudá-lo a avaliar o sucesso de sua política.

Lembre que aumentar sua disponibilidade só vai melhorar seus relacionamentos, literalmente abrindo as portas para a comunicação, mesmo se for virtual (por e-mail ou telefone). As pessoas vão se sentir valorizadas e respeitadas quando virem que você está disposto a abrir um tempo na sua agenda para elas. E você terá a chance de conhecer melhor os outros. No fim, todo mundo sai ganhando com a política das portas abertas.

8 SÓ FIQUE COM RAIVA QUANDO QUISER

"Qualquer um pode ficar com raiva. Isso é fácil. Mas ficar com raiva da pessoa certa, na medida certa, na hora certa, com a finalidade certa e do jeito certo... não é fácil."

Podemos agradecer o filósofo grego Aristóteles por essas sábias palavras voltadas a nos ajudar a gerenciar as nossas emoções e relacionamentos. Se você conseguir dominar essa estratégia, pode considerar sua jornada de desenvolvimento da inteligência emocional um sucesso. A raiva é uma emoção que existe por uma razão e não deve ser reprimida ou ignorada. Se você souber gerenciá-la bem e usá-la com um objetivo claro, seus relacionamentos sairão fortalecidos. Pode acreditar.

Pense em um treinador de futebol que vai direto ao ponto no intervalo do jogo. As críticas severas dele chamam a atenção dos jogadores e redirecionam o foco deles para o segundo tempo. O time volta ao jogo energizado, com um novo foco e pronto para vencer. Nesse caso, o treinador gerenciou suas emoções para motivar os outros a agir. Expressar a raiva de maneiras apropriadas comunica sentimentos fortes e lembra as pessoas da gravidade da situação. Expressar raiva demais ou nos momentos errados dessensibiliza as pessoas para seus sentimentos, e elas terão dificuldade de levá-lo a sério.

Levará um tempo para aprender a usar uma emoção forte como a raiva para beneficiar seus relacionamentos, já que você provavelmente terá a sorte de não ter oportunidades diárias de praticar essa estratégia. A estratégia requer muito preparo nos bastidores, a começar por se conscientizar de sua raiva.

Use suas habilidades de autoconsciência para refletir sobre seus variados graus de raiva, desde coisas que o irritam um pouco até coisas que o deixam completamente enfurecido. Tome notas escolhendo palavras específicas e anote exemplos de quando você se sentiu assim. Decida quando você deveria demonstrar sua raiva, situações nas quais expressar a raiva de alguma forma melhoraria o relacionamento. Para tomar essa decisão, use suas habilidades de consciência social para pensar nas outras pessoas envolvidas e nas reações delas.

Lembre que a gestão de relacionamentos envolve fazer escolhas e agir com o objetivo de criar uma conexão profunda e honesta com os outros. Para fazer isso, você precisará ser honesto com os outros e consigo mesmo, o que às vezes implicará usar a raiva com um propósito.

9 NÃO TENTE EVITAR O INEVITÁVEL

Você e Maria trabalham no mesmo departamento de expedição e recebimento. Você a considera extremamente irritante e, se pudesse apertar um botão para enviá-la a outro departamento, teria feito isso cinco anos atrás. O problema é que esse botão não existe e as chances de ela sair do departamento ou da empresa são mínimas. Para jogar ainda mais lenha na fogueira, seu gestor acabou de alocar vocês para trabalhar juntos em um grande projeto. Ela propõe um almoço para falar sobre os próximos passos e você se põe rapidamente a pensar em uma lista de razões para não ir almoçar para ela. Você oficialmente deu um chega para lá na Maria. E agora? Vocês continuam presos na estaca zero, o projeto continua nas suas mãos e você ainda precisa encontrar um jeito de trabalhar com ela.

Em situações como essas é que as habilidades de gestão de relacionamentos são absolutamente necessárias, porque, apesar de você preferir não fazer amizade com Maria, vocês dois são responsáveis pelo mesmo projeto. Veja uma estratégia básica para conseguir trabalhar com a Maria: não evitar a pessoa nem evitar a situação. Aceite a situação e decida usar suas habilidades de inteligência emocional para trabalhar com a Maria.

Você precisará observar suas emoções e decidir como gerenciá-las melhor. Como você não está sozinho nesse barco, mobilize suas habilidades de consciência social para incluir Maria nas decisões e coloque-se na pele dela. Converse com ela para se informar das experiências com as quais ela poderia contribuir e as preferências dela para trabalhar com você no projeto. Observe a linguagem corporal dela para ver como ela reage a você. Você pode até descobrir que você a irrita tanto quanto ela irrita você! Pode não ser muito agradável, mas é muito possível criar as bases para um bom relacionamento.

Em seguida, diga a ela quais são suas preferências para trabalhar no projeto e tente chegar a um acordo. Você não vai precisar dizer a Maria que não gosta dela. Seria muito mais interessante dizer que você preferiria trabalhar sozinho em partes separadas do projeto e se reunir com ela de tempos em tempos para ir alinhando o trabalho. Se Maria concordar, vocês já encontraram um jeito de vocês dois trabalharem no projeto. Se ela não concordar, aplique outras habilidades de autogestão e de consciência social até vocês chegarem a um acordo.

Se você se frustrar ao longo do caminho (e chances são de que isso vai acontecer), identifique as razões e decida como gerenciar a si mesmo. Converse com Maria na próxima reunião para vocês não perderem de vista o objetivo do projeto. Ao final do projeto, encontre um jeito de reconhecer o que vocês dois realizaram juntos.

10 RECONHEÇA OS SENTIMENTOS DO OUTRO

Se você for notoriamente péssimo em manter os relacionamentos, essa estratégia de inteligência emocional pode ser um excelente ponto de partida para ajudá-lo a melhorar. Digamos que você chega ao estacionamento de sua empresa de manhã e vê sua colega Sofia contendo as lágrimas enquanto sai do carro dela, estacionado ao lado do seu. Você pergunta se ela está bem e ela diz que não. Você diz algo como: "Bem, nada como um bom dia de trabalho para esquecer os problemas. Até mais". Depois você não sabe por que ela passa o resto do dia tentando evitá-lo no escritório.

Uma chave para gerenciar os relacionamentos é se voltar ao seu próprio mal-estar e fazer uma pausa para reconhecer, e não reprimir ou mudar, os sentimentos dos outros. "É uma pena saber que você não está bem. O que eu posso fazer para ajudar?" mostra a Sofia que, se precisar chorar, ela pode contar com você para arrumar um lenço. Atos simples como esse reconhecem as emoções sem lhes dar um peso excessivo, sem marginalizá-las nem desprezá-las. Todo mundo tem o direito de sentir, mesmo se você não se sentir da mesma forma. Você não precisa concordar com os sentimentos dos outros, mas precisa reconhecer que os sentimentos são válidos e respeitá-los.

Para ajudá-lo a validar os sentimentos das pessoas, vamos usar o exemplo de Sofia. Usando suas habilidades de consciência social, ouça com atenção o que ela tem a dizer e faça para ela um resumo do que você ouviu. Isso não só demonstra suas habilidades de escuta como também mostra que você é um bom gestor de relacionamentos, porque se deu ao trabalho de mostrar que se importa e se interessa pelos problemas dela. Você terá estabelecido com uma conexão fortalecida com uma Sofia agora calma. E tudo isso só fazendo uma pausa para prestar atenção aos sentimentos dela.

11 COMPLEMENTE AS EMOÇÕES OU A SITUAÇÃO DO OUTRO

Se você liga calmamente para sua operadora telefônica para pedir o cancelamento de uma taxa incorreta de sua fatura mensal, você esperaria que o atendente fosse prestativo, amigável e cortês com sua solicitação.

Digamos que você faz o mesmo telefonema, mas desta vez você está de péssimo humor. Você fica irritado, agitado e impaciente com o erro. Você é forçado a ficar dez minutos na espera, o que não ajuda em nada com sua irritação. Quando o atendente finalmente atende sua ligação, ele consegue sentir a raiva na sua voz. O tom dele é sério, tentando resolver rapidamente a situação. Você reconhece o profissionalismo e o bom atendimento, se livra do problema e segue com seu dia. Aquele atendente soube perceber seus sinais não verbais e se adaptar a eles para proporcionar um atendimento rápido e livre de aborrecimentos, o que beneficiou tanto o cliente quanto a empresa. E o QE elevado do atendente o ajuda a ser promovido e aumenta suas chances no mercado de trabalho.

O que ele acabou de fazer com você foi aplicar uma estratégia de gestão de relacionamentos que requer habilidades de consciência social: ouvir, manter-se presente, colocar-se na sua pele, identificar suas emoções e escolher uma reação adequada e complementar. Esta última habilidade, escolher uma reação complementar, não requer que você combine ou espelhe as emoções dos outros. Não faria sentido para o atendente usar a mesma abordagem impaciente você usou. Fazer isso só o irritaria ainda mais. Espelhar as emoções também pode levar colegas e amigos a se afastar. A reação complementar sempre comunica que você reconhece os sentimentos dos outros e dá importância a eles.

Para praticar emoções complementares nos relacionamentos, pense em uma ou duas situações emocionalmente carregadas pelas quais você passou. Pense em situações claras, com pelo menos mais uma pessoa presente. Como a pessoa reagiu a você? A reação melhorou ou piorou seu estado de espírito? A pessoa foi capaz de complementar seu estado emocional? Depois de responder a essas perguntas, tente complementar as emoções dos outros nas situações enfrentadas por eles. Espere uma ou duas semanas antes de estar preparado para trabalhar nos seus relacionamentos mais próximos: seus colegas de equipe ou sua família. Lembre que seu papel é notar o estado de espírito das pessoas e se dispor a ajudar os colegas e parentes. Se você se empolgar ou se preocupar com a situação que eles estão vivendo, demonstrará que é uma pessoa sensível e se importa com eles.

12 SE VOCÊ SE IMPORTA COM O OUTRO, DEMONSTRE ISSO

Veja um exemplo real para pessoas de todo o mundo que desejam desenvolver a inteligência emocional. Um dia de manhã, subi de elevador, ainda meio sonolento, até o meu escritório para começar mais um dia de trabalho. Eu tinha passado uma grande parte da noite anterior trabalhando para terminar alguns projetos para minha gestora. Quando cheguei ao meu cubículo, encontrei um bolinho preto e branco com um bilhete que dizia: "Obrigado por deixar tudo preto no branco". O bilhete era da minha gestora. Ela era uma pessoa ocupadíssima, sempre fazendo malabarismos com suas responsabilidades em casa e no trabalho. Fiquei espantado ao ver que ela tinha encontrado alguns minutos para passar em uma doceria e comprar o bolinho, sabendo que eu adoro doces, e chegar mais cedo ao escritório para deixar o quitute na minha mesa. Eu quase chorei com a consideração dela.

Esse é um exemplo de uma pequena ação com um enorme resultado. Aquele bolinho me motivou a me empenhar ainda mais no trabalho, o que fiz com enorme satisfação e uma lealdade feroz.

Ouvimos essa mesma história em muitas versões, mas a estratégia é sempre a mesma. Você está cercado de pessoas que fazem um excelente trabalho todos os dias. Quando você se importa, demonstre. Não hesite nem adie até a semana que vem. Faça alguma coisa na mesma semana ou até no mesmo dia. Um pequeno gesto, como dar um cartão ou um presentinho para expressar seus sentimentos, já basta para fortalecer um relacionamento.

13 EXPLIQUE SUAS DECISÕES

É assustador se ver em um lugar desconhecido, completamente no escuro. Por exemplo, você já foi acampar e chegou ao local depois que escureceu? É difícil se orientar, você precisa montar a barraca no escuro, cercado de um silêncio sinistro. Você não consegue dormir direito e fica torcendo para que nada terrível aconteça.

No dia seguinte você acorda cansado, sai de sua barraca e se espanta com a beleza ao seu redor: água, montanhas, trilhas arborizadas e um monte de animaizinhos fofos. Não há nada a temer. Você logo se esquece das ansiedades da noite passada e segue seu dia. Afinal, com o que você estava tão preocupado?

A única diferença entre esses dois cenários é a luz. O lugar é o mesmo, e as pessoas e os equipamentos são os mesmos. É esse mesmo tipo de ansiedade e medo que as pessoas sentem quando alguém toma as decisões por elas. Quando você é deixado no escuro, intencionalmente ou não, sobre as próximas demissões, negociações contratuais etc., é como se você estivesse montando uma barraca na escuridão. Se a empresa decidir demitir empregados, aumentando a carga de trabalho ou alterando seus horários de trabalho, você só ficará sabendo quando as demissões ocorrerem. Se os impostos forem alterados, você só saberá quando receber seu salário. Você não tem como recorrer, não tem como pedir um período de experiência. A decisão já foi tomada.

É difícil engolir uma situação como essa porque não somos crianças ou dependentes. Somos adultos. Para apoiar uma decisão, precisamos saber *por que* ela foi tomada.

Mantenha isso em mente ao usar sua inteligência emocional para gerenciar seus relacionamentos. Em vez de tomar uma decisão e esperar que os outros simplesmente a aceitem, dê-se ao trabalho de explicar as razões da decisão, incluindo alternativas, e por que a decisão que você tomou fazia mais sentido. Será melhor ainda se você puder pedir sugestões e opiniões antes de decidir. Por fim, reconheça o modo como a decisão afetará a todos. As pessoas gostarão dessa atitude de transparência e abertura, mesmo se forem negativamente afetadas pela decisão. Uma atitude de transparência e abertura – em vez de simplesmente informar as pessoas o que elas devem fazer e mantê-las no escuro – também faz com que as pessoas sintam que você confia nelas, que elas são respeitadas e conectadas com a organização.

Se você costuma tomar decisões rapidamente e sozinho, você deve ser muito competente no seu trabalho. Embora seja difícil se livrar de velhos hábitos, profundamente enraizados na configuração do seu cérebro, é hora de se ajustar e acrescentar a competência social ao seu repertório de tomada de decisão.

Para começar, você provavelmente precisará identificar suas próximas decisões. Pegue sua agenda e repasse os próximos três meses para ver quais decisões precisarão ser tomadas nesse período. Agora repasse os últimos três meses de sua agenda, de trás para a frente, vendo quem será afetado por essas decisões. Faça uma lista completa de quem será afetado por cada decisão e planeje quando e onde você pretende conversar com as pessoas sobre cada decisão, incluindo detalhes para explicar *por que* e *como* cada decisão será tomada. Você pode até querer convocar uma reunião especial só para isso. Ao planejar sua agenda e suas palavras, use suas habilidades de consciência social para colocar-se na pele dos outros, para poder falar com as pessoas antes e depois de tomar a decisão nos termos que elas esperariam ouvir.

14 SAIBA DAR UM FEEDBACK DIRETO E CONSTRUTIVO

Pense no melhor feedback que você já recebeu. Não foi algo que você necessariamente queria ou esperava, mas deve ter feito uma grande diferença no seu comportamento. O feedback pode ter melhorado seu desempenho em geral, pode tê-lo ajudado a lidar com determinada situação ou até a avançar na carreira. Por que aquele feedback foi tão bom?

Se você for responsável por dar feedback às pessoas, pode precisar ler inúmeros guias para orientá-lo pelo processo e se certificar de que seu feedback esteja de acordo com as diretrizes legais e com as normas do departamento de recursos humanos de sua empresa. Fique tranquilo, temos boas notícias para você: seguir as diretrizes legais não é o que leva o feedback a mudar o desempenho ou o comportamento da pessoa. Mas incorporar as habilidades de inteligência emocional ao seu feedback, sim.

A melhor maneira de pensar sobre o feedback e a inteligência emocional é manter em mente que dar feedback pode ajudá-lo a cultivar os relacionamentos e requer as quatro habilidades de inteligência emocional para ser eficaz. Use suas habilidades de

> Dar feedback pode ajudá-lo a cultivar os relacionamentos e requer as quatro habilidades de inteligência emocional para ser eficaz.

autoconsciência para investigar como você se sente em relação ao feedback. Você se sente à vontade no processo? Por que ou por que não? Em seguida, use suas habilidades de autogestão para decidir o que fazer com as respostas às perguntas acima. Por exemplo, se você fica incomodado ao dar feedback sobre as normas de comportamento ao telefone porque não quer que as pessoas pensem que estão sendo espionadas, como exatamente você pretende superar esse incômodo para dar o feedback com confiança? Você é quem decide como fazer, mas o importante é não ignorar o feedback devido ao seu desconforto.

Em seguida, use suas habilidades de consciência social para pensar na pessoa que vai receber o feedback. Lembre que o feedback deve ser direcionado ao problema, não à pessoa. Como dar um feedback claro, direto, construtivo e respeitoso? O feedback construtivo tem duas partes: dizer sua opinião e propor soluções para a mudança. Vejamos o exemplo de Lucas. Imagine que você precisa dar a Lucas um feedback sobre a decisão de melhorar seus modos ao telefone. Lucas costuma ser muito direto, de modo que, se você começar a pisar em ovos e dourar a pílula, ele provavelmente vai se ofender. No entanto, se você precisa dar o feedback de que ele precisa aprender a dourar um pouco a pílula quando dá más notícias à sua equipe, pense em dar o feedback dourando e não dourando a pílula para ele ver a diferença e aprender com o exemplo.

Alice, por outro lado, é muito sensível. Considerando que dar feedback é uma experiência de desenvolvimento dos relacionamentos, mantenha Alice em mente ao planejar o feedback dela. Usar atenuadores como "eu acho que", "eu acredito que" ou "dessa vez" para começar uma frase pode atenuar o golpe. Em vez de "O seu relatório está horrível", use "Eu acho que alguns trechos do seu relatório se beneficiariam de algumas revisões. Você aceitaria algumas sugestões?". No caso, você não está forçando Alice a necessariamente aceitar suas sugestões de melhoria. No fim, peça a opinião da pessoa e agradeça pela disposição de levar as sugestões em consideração.

15 ALINHE SUA *INTENÇÃO* COM SEU *IMPACTO*

Digamos que você está em uma reunião da equipe e o próximo tópico a ser discutido seja descobrir por que alguns prazos não estão sendo cumpridos. Depois de alguma discussão, parece que Ana tem parte da culpa, e a tensão começa a se intensificar na sala. Na tentativa bem-intencionada de aliviar a tensão, você diz algo como: "Nossa, Ana, parece que aqueles almoços de três horas finalmente te entetregaram!".

Em vez de sua piada ser recebida com risos, um silêncio mortal se abate na sala. Você não sabe o que fez de errado e, depois da reunião, diz a Ana "Eu só estava brincando...", mas ela parece furiosa com você. Essas são as famosas últimas palavras de uma pessoa cujas boas *intenções* não se alinharam com o *impacto* de suas ações. Só que agora é tarde demais.

Ou pense na gerente ambiciosa e bem-intencionada que deseja orientar sua equipe para atingir resultados melhores. Ela está tão focada no sucesso que fica atolada de trabalho (fazendo ela mesma a maior parte do trabalho ou forçando todo mundo a fazer do jeito dela), esquecendo-se completamente de como delegar com eficácia. A equipe a considera uma microgestora que engaveta informações quando tudo o que ela *pretendia* fazer era ensinar a equipe a ter sucesso. Também nesse caso, as intenções eram boas, mas tiveram o efeito contrário. Os relacionamentos acabaram prejudicados e a gerente não entende por que a equipe se ressente dela.

Estratégias de gestão de relacionamentos 189

Se você se pegar passando tempo demais tentando reparar um relacionamento ou se não souber ao certo qual é o problema dos seus relacionamentos, saiba que é possível evitar esse tipo de situação. Com a ajuda das suas habilidades de consciência e gestão, pequenos ajustes farão toda a diferença.

Para alinhar suas palavras e ações com sua intenção, você precisa usar suas habilidades de consciência social e autogestão para observar a situação e as pessoas envolvidas, pensar antes de falar ou agir e reagir de maneira apropriada e sensível. Faça uma rápida análise da situação. Pense em uma situação na qual o impacto das suas palavras ou ações não foi o pretendido. Em uma folha de papel, descreva o incidente, suas intenções, suas ações e o impacto (o resultado final ou a reação das pessoas). Em seguida, escreva o que você não percebeu na situação e o que você sabe agora, em retrospecto, inclusive sinais não verbais que deixou de notar, o que aprendeu sobre si mesmo, entre outros detalhes. Por fim, escreva o que você poderia ter feito de outra forma para manter o alinhamento entre sua intenção e o impacto das suas ações. Se você não souber ao certo, pergunte a alguém envolvido na situação.

No caso de Ana, você não percebeu que aquele não era o momento certo para fazer uma piada. Seu comentário foi interpretado como uma crítica na frente de todo mundo. Da próxima vez, será melhor aliviar a tensão tirando sarro de si mesmo e não de outra pessoa. A gerente ambiciosa não percebeu o que motiva a equipe. Ela não lhes deu espaço e tempo suficientes para aprender e crescer por conta própria. Para gerenciar melhor seus relacionamentos, é crucial saber detectar qualquer falta de alinhamento antes de agir, para que o impacto corresponda às suas intenções.

16 USE FRASES REPARADORAS PARA RESOLVER PROBLEMAS DE COMUNICAÇÃO

Os atendentes de companhias aéreas muitas vezes são os mensageiros de más notícias, como atrasos devido ao mau tempo ou a reparos mecânicos, bagagens perdidas, overbooking... e a lista continua. Quando isso acontece, eles tentam amenizar a experiência negativa dos passageiros oferecendo "reparadores", como outra passagem ou vouchers para hotéis ou refeições, para resolver o problema e atingir o objetivo final de levá-lo ao seu destino.

Podemos presumir que todos nós já tivemos conversas que se beneficiariam de reparadores. Uma simples conversa pode se transformar em uma briga ou ficar presa em um círculo interminável. Nesse tipo de conversa, as pessoas podem desenterrar erros do passado, fazer comentários dos quais vão se arrepender mais tarde e culpar uma à outra. Não importa quem disse o que ou quem "começou" a briga. Quando isso acontece, é hora de redirecionar o foco e reparar a situação. Alguém precisa respirar fundo, avaliar rapidamente a situação e começar a consertar a conversa com uma frase reparadora.

Para fazer isso, você precisa parar de culpar o

> As frases reparadoras dão uma nova energia à situação, têm um tom neutro e ajudam a encontrar pontos em comum.

192 Inteligência emocional 2.0

outro e começar a se concentrar em reparar a situação. Você quer estar certo ou quer resolver o problema? Use suas habilidades de autoconsciência para ver como está contribuindo para a situação. Use a autogestão para deixar suas tendências de lado e se responsabilizar por consertar a situação. Suas habilidades de consciência social podem ajudá-lo a saber como a pessoa está contribuindo para a situação ou entender melhor como ela se sente. Analisar os dois lados o ajudará a encontrar o problema da interação e decidir qual frase reparadora precisará ser usada para começar a consertar a situação. As frases reparadoras dão uma nova energia à situação, têm um tom neutro e ajudam a encontrar pontos em comum. Uma frase reparadora pode ser bastante simples, como comentar "Realmente não é fácil..." ou perguntar como a pessoa está se sentindo. A maioria das conversas pode se beneficiar de uma frase reparadora assim que você sentir que a conversa está degringolando, prestes a se transformar em uma briga.

Essa estratégia o ajudará a manter os canais de comunicação abertos quando você estiver nervoso e, com empenho e prática conscientes, você será capaz de reparar suas conversas difíceis antes de elas se transformarem em confrontos abertos.

17 NÃO FUJA DAS CONVERSAS DIFÍCEIS

"Por que você não me escolheu para aquela promoção?", Laura pergunta em um tom um tanto quanto defensivo, uma atitude magoada e a voz trêmula. Você já sabe que não vai ser uma conversa fácil. A notícia da promoção de Victor se espalhou pela empresa antes de você ter a chance de conversar com Laura. Você valoriza Laura e o trabalho dela, mas vai precisar explicar por que ela ainda não está pronta para o próximo nível. E, se essa parte da conversa já for difícil, pense que o controle de danos é ainda mais complicado.

Desde a sala da diretoria até o bebedouro no corredor, as conversas difíceis virão à tona e é possível lidar com elas com calma e eficácia. As conversas difíceis são inevitáveis. Nem adianta tentar correr, porque elas mais cedo ou mais tarde vão alcançá-lo. As habilidades de inteligência emocional não fazem essas conversas desaparecerem, mas desenvolver algumas novas habilidades pode facilitar essas conversas sem destruir o relacionamento.

1. **Comece com um acordo.** Se você sabe que você tem chances de a conversa acabar em desacordo, comece com pontos que vocês dois têm em comum. Isso pode envolver apenas concordar que a conversa será difícil, porém importante, ou concordar com um objetivo em comum, mas, de qualquer forma, começar com essa atitude mostra que vocês podem concordar. Por exemplo: "Laura, antes de mais nada

gostaria que você soubesse que dou muito valor a você e ao seu trabalho e sinto muito por não ter tido a chance de lhe dar a notícia antes que você ficasse sabendo de outro jeito. Eu gostaria de usar este tempo para explicar a situação e esclarecer qualquer outra dúvida que você possa ter. E também gostaria de ouvir sua opinião".

2. **Peça ajuda para entender o lado do outro.** As pessoas querem ser ouvidas e ficam frustradas se isso não acontecer. Antes de a frustração entrar em cena, adiante-se e peça que a pessoa explique o ponto de vista dela. Vá gerenciando seus próprios sentimentos conforme o necessário, mas se concentre em entender o ponto de vista do outro. No caso de Laura, você poderia dizer algo como "Laura, quero que você fique completamente à vontade para me dar sua opinião sincera. Eu quero saber o que você pensa da situação". Ao pedir a opinião de Laura, você está mostrando que se interessa em saber mais sobre ela e cria uma oportunidade para aprofundar e gerenciar o relacionamento.

3. **Resista à tentação de planejar uma resposta ao que está sendo dito. Seu cérebro não consegue ouvir bem e se preparar para falar ao mesmo tempo.** Use suas habilidades de autogestão para silenciar sua voz interior e direcionar sua atenção para a pessoa que está falando. No caso, Laura não foi escolhida para a promoção que ambicionava e ficou sabendo da notícia pelos corredores. Vamos encarar. Se você quer manter o relacionamento, precisa ficar

em silêncio, ouvi-la contar como ficou surpresa e decepcionada e resistir à tentação de se defender.

4. **Ajude a pessoa a entender seu lado também.** Agora é sua vez de ajudar a pessoa entender seu ponto de vista. Descreva seu mal-estar, seus pensamentos, suas ideias e as razões por trás de sua decisão. Comunique-se com clareza e simplicidade. Evite falar em círculos ou em código. No caso de Laura, sua explicação pode acabar sendo um excelente feedback para ela, e ela merece receber esse feedback. Uma boa mensagem para a situação seria explicar que Victor tinha mais experiência e era mais adequado para o trabalho naquele momento. Você deve se desculpar pelo jeito como ela ficou sabendo da promoção de Victor. Essa capacidade de explicar seus pensamentos e falar de maneira direta e compassiva em uma situação difícil é um aspecto fundamental da gestão de relacionamentos.

5. **Avance com a conversa.** Uma vez esclarecido o ponto de vista um do outro, mesmo se vocês discordarem, alguém precisa avançar a conversa. No caso de Laura, quem precisa fazer isso é você. Tente encontrar algum outro ponto em comum. Quando estiver falando com Laura, diga algo como: "Bem, que bom que você veio falar comigo diretamente e que tivemos a chance de conversar a respeito. Entendi seu ponto de vista e parece que você entendeu o meu. Vou continuar investindo no seu desenvolvimento e gostaria de trabalhar juntos para que você tenha as experiências das quais você precisa. O que você acha disso?"

6. Fique em contato. Uma conversa difícil para resolver um problema requer atenção, mesmo depois da conversa. Verifique com frequência o progresso, pergunte se a pessoa está satisfeita e mantenha o contato com ela. Você é umas das metades da equação responsável por manter um bom relacionamento. No que se refere a Laura, conversar regularmente com ela para falar sobre o avanço na carreira e seu potencial de promoção continuaria demonstrando que você se interessa pelo progresso dela.

Em resumo, ao entrar em uma conversa difícil, prepare-se para tomar o caminho mais construtivo, não ficar na defensiva e se manter aberto, praticando as estratégias sugeridas acima. Em vez de abalar as bases de um relacionamento com uma conversa como essa, a conversa difícil pode até ser usada para fortalecer o relacionamento no futuro.

EPÍLOGO

OS FATOS: UMA ANÁLISE DAS MAIS RECENTES DESCOBERTAS SOBRE A INTELIGÊNCIA EMOCIONAL

Quando a TalentSmart® lançou o teste *Emotional Intelligence Appraisal®*, os líderes de negócios, outros profissionais e qualquer pessoa que só queria uma vida mais feliz e saudável ainda estavam se familiarizando com o conceito de inteligência emocional e QE. Ao medir o QE deles e ao mesmo tempo lhes mostrar como eles podem melhorar, o *Emotional Intelligence Appraisal®* logo se transformou em um facilitador para transformar o novo conhecimento emocional das pessoas em relacionamentos mais fortes, decisões melhores, liderança mais robusta e organizações mais bem-sucedidas. Na TalentSmart®, observamos centenas de milhares de pessoas de todos os níveis hierárquicos em sua jornada por um QE mais elevado.

O campo do desenvolvimento da inteligência emocional cresceu muito desde então e monitoramos com atenção especial essa evolução ao longo de todo o caminho. O que encontramos nos nossos estudos por vezes nos surpreendeu e muitas vezes nos encorajou. Uma constante em todas as nossas descobertas foi a importância vital das habilidades de inteligência emocional na busca por uma vida pessoal e profissional feliz, saudável e produtiva. Mais especificamente, nossas pesquisas lançam uma nova luz sobre a guerra dos sexos, a diferença entre as gerações, a busca pelo avanço profissional e por um salário maior, além de sugerir quais países estão se preparando para o sucesso em uma economia cada vez mais globalizada. Tudo isso pode ser visto como um sinal de esperança para aqueles que buscam desenvolver sua inteligência emocional.

Veja o que descobrimos.

OS POLOS ESTÃO DERRETENDO: A INTELIGÊNCIA EMOCIONAL NO PASSADO E AGORA

No fim de 2008, fizemos uma boa análise de como a inteligência emocional coletiva da população dos Estados Unidos mudou desde 2003. Não nos surpreendeu constatar que os participantes das pesquisas e das nossas sessões de treinamento tivessem reforçado sua inteligência emocional, mas ficamos intrigados ao ver que as pontuações de QE dos novatos aumentavam a cada ano que passava. E o aumento continuou, ano após ano após ano... As pontuações de QE de pessoas que nunca tínhamos testado ou treinado aumentava lenta e constantemente. Constatamos uma melhoria considerável da inteligência emocional na força de trabalho dos Estados Unidos entre 2003 e 2007.

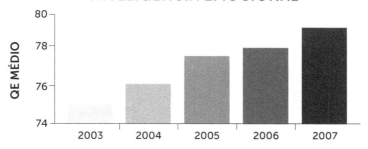

Os céticos podem olhar para o gráfico e pensar: "Grande coisa. Que diferença isso faz? Foi só um aumento de quatro pontos em cinco anos!". Mas pense no impacto de um aumento de temperatura aparentemente pequeno – digamos, de um ou dois graus – sobre o nosso ecossistema. O mesmo se aplica ao comportamento humano no trabalho, onde os polos congelados da baixa inteligência emocional estão começando a derreter.

Uma análise mais atenta das mudanças específicas resultantes do QE mais elevado revela o verdadeiro poder dessa transformação. Nos últimos cinco anos, vimos a porcentagem de pessoas sintonizadas com as próprias emoções e as emoções dos outros subir de 13,7% para 18,3%. Nesse mesmo período, a porcentagem de pessoas com uma compreensão insatisfatória de como a ansiedade, a frustração e a raiva afetam seu comportamento caiu de 31,0% para 14,0%. Ao aplicar essas proporções aos 180 milhões de pessoas da força de trabalho dos Estados Unidos, isso significa que, em comparação a 2003, 9 milhões de pessoas a mais quase sempre conseguem manter a calma em discussões acaloradas; mais 9 milhões de pessoas demonstram que se importam com os colegas e clientes que estão passando por dificuldades; e menos 25 milhões de pessoas são dolorosamente alheias ao modo como seu comportamento afeta os outros.

Ano	Porcentagem de pessoas com boas habilidades de inteligência emocional	Porcentagem de pessoas com habilidades de inteligência emocional insatisfatórias
2003	13,7	31,0
2004	14,7	19,0
2005	14,8	18,5
2006	15,1	17,1
2007	18,3	14,0

O que torna essa descoberta tão especial é que, antes de fazer o teste, poucas pessoas da nossa amostra, ou quase nenhuma, tinham participado de qualquer treinamento formal de inteligência emocional. Mesmo assim, as pontuações médias de QE dessas pessoas aumentaram constantemente de um ano ao outro. É como se as pessoas que intencionalmente praticam comportamentos emocionalmente inteligentes estivessem contagiando outras pessoas que podiam nunca ter ouvido falar do conceito. As habilidades de inteligência emocional, como as próprias emoções, são contagiantes. Isso significa que as nossas habilidades de inteligência emocional dependem muito das pessoas que nos cercam e das nossas circunstâncias. Quanto mais interagimos com pessoas empáticas, mais a nossa empatia se desenvolve. Quanto mais tempo passamos com pessoas que falam abertamente sobre suas emoções, maior é a nossa capacidade de identificar e conhecer as emoções. É justamente essa característica que faz da inteligência emocional uma habilidade aprendida e não algum atributo inalterável que apenas alguns poucos felizardos já nascem tendo.

Mas é neste ponto que as boas notícias terminam. Em 2008, pela primeira vez desde que demos início ao nosso monitoramento, a inteligência emocional coletiva caiu, mostrando até que ponto realmente somos suscetíveis às flutuações dessas habilidades.

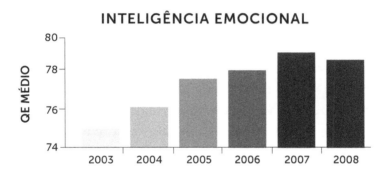

Economistas do governo federal americano apontaram para dezembro de 2007 como o início da pior retração econômica dos Estados Unidos em 70 anos, o que significa que *todos* os dias de 2008, sem exceção, foram dias de recessão. A recaída das habilidades de inteligência emocional entre 2007 e 2008 nos Estados Unidos foi um produto das dificuldades econômicas. Dificuldades de qualquer natureza – financeiras, familiares ou profissionais – criam emoções mais intensas e muitas vezes mais prolongadas que acabam resultando em estresse. Além do preço físico do estresse, como ganho de peso e doenças cardíacas, o estresse também nos sobrecarrega mentalmente. Em condições livres de estresse, podemos nos empenhar conscientemente para manter a calma e a tranquilidade durante os infortúnios e provações do dia a dia. Confiamos mais na nossa capacidade de enfrentar o inesperado e permitimos que a nossa mente resolva os problemas. Já o estresse não gerenciado, contudo, consome grande parte dos nossos recursos mentais. A nossa mente acaba reduzida a algo parecido com um estado de lei marcial no qual as emoções ditam sozinhas o comportamento enquanto o nosso lado racional fica ocupado tentando transformar limões em limonada. De repente, um pequeno contratempo naquele projeto no trabalho que não seria problema algum em um período de relativa prosperidade mais parece uma grande catástrofe do que um mero aborrecimento. Muitas pessoas sentem que são abandonadas pelas habilidades de inteligência emocional justamente no momento em que mais precisam dessas habilidades: sob estresse. Só as pessoas bem-treinadas, que desenvolveram habilidades de inteligência emocional quase instintivas, são capazes de enfrentar bem as crises.

> Os americanos perderam 2,8 milhões de soldados qualificados na batalha por uma sociedade mais emocionalmente inteligente.

Esse estresse generalizado parece estar afetando consideravelmente a inteligência emocional coletiva dos americanos. Os Estados Unidos passaram de 18,3% das pessoas com um alto nível de inteligência emocional em 2007 a apenas 16,7% em 2008.

Em outras palavras, os americanos perderam 2,8 milhões de soldados qualificados na batalha por uma sociedade mais emocionalmente inteligente. Isso significa 2,8 milhões de pessoas que poderiam ter ensinado às outras o caminho para comportamentos mais emocionalmente inteligentes, mas que agora estão com dificuldades de manter as próprias habilidades de inteligência emocional.

Ano	Porcentagem de pessoas com boas habilidades de inteligência emocional	Porcentagem de pessoas com habilidades de inteligência emocional insatisfatórias
2003	13,7	31,0
2004	14,7	19,0
2005	14,8	18,5
2006	15,1	17,1
2007	18,3	14,0
2008	16,7	13,8

A GUERRA DOS SEXOS: INTELIGÊNCIA EMOCIONAL E GÊNERO

Sheila começou sua carreira como uma consultora financeira especializada na área da saúde em uma consultoria multinacional. Ela só precisou de alguns anos encantando os clientes e acumulando avaliações elogiosas da alta administração para ser "roubada" pelo atual empregador, um grande sistema de saúde regional do Centro-Oeste dos Estados Unidos. Ainda na faixa dos 30, Sheila já era assistente do vice-presidente, avançando rapidamente para um cargo de diretoria. Seus antigos e atuais gestores concordam unanimemente que Sheila é "inteligente", mas tem alguma coisa a mais, alguma coisa que eles não sabem dizer ao certo o que é. Depois de ver Sheila neutralizar situações tensas com os clientes vez após vez no início de sua carreira como uma consultora, a antiga gestora de Sheila resumiu o segredo do sucesso dela: ela simplesmente *"entende as pessoas"*.

Em 2003, verificamos alguns contrastes surpreendentes entre as habilidades de inteligência emocional expressas pelos homens e as encontradas em mulheres como Sheila. As mulheres apresentaram um desempenho superior aos homens em autogestão, consciência social e gestão de relacionamentos. Na verdade, a autoconsciência foi a única habilidade de inteligência emocional na qual os homens conseguiram acompanhar as mulheres.

Mas os tempos mudaram e os homens também.

Como o gráfico mostra, homens e mulheres ainda estão lado a lado em sua capacidade de reconhecer as próprias emoções – exatamente como acontecia em 2003. No entanto, os homens melhoraram na capacidade de gerenciar as próprias emoções. Essa mudança pode ser atribuída às mudanças nas normas sociais.

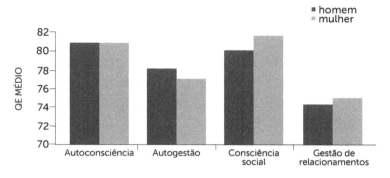

Os homens estão se beneficiando dessa evolução dos costumes culturais. Hoje em dia, os homens são encorajados a refletir sobre as próprias emoções, o que os ajuda muito a conhecê-las melhor. Não é de se surpreender que tenhamos constatado que até 70% dos líderes do sexo masculino dos 15% superiores em termos de habilidades de tomada de decisão também apresentaram as melhores habilidades de inteligência emocional. Por outro lado, nenhum líder do sexo masculino com baixo QE foi classificado entre os tomadores de decisão mais habilidosos. Pode parecer um contrassenso, mas prestar atenção às nossas *emoções* é a maneira mais *lógica* de tomar boas decisões. Portanto, em vez de achar que dedicar um tempo lidando com a angústia ou a frustração é de alguma forma um sinal de fraqueza, os homens agora estão livres para conhecer melhor as próprias emoções, possibilitando-lhes tomar decisões melhores.

É SOLITÁRIO NO TOPO

Pensando nas montanhas de livros que já foram publicados sobre a inteligência emocional, seria de se esperar que os executivos das empresas tivessem um QE nas alturas. Como revelamos no nosso artigo da *Harvard Business Review*, intitulado "Heartless bosses" ("Chefes sem coração", em português), as nossas pesquisas demonstram que os executivos ainda não estão entendendo a mensagem. Medimos o QE de meio milhão de altos executivos (incluindo mil CEOs), gestores e colaboradores de diferentes setores e seis continentes. As pontuações sobem com os cargos, subindo desde a base da hierarquia corporativa até a gerência média. Os gerentes de nível médio se destacam, com as maiores pontuações de QE de toda a força de trabalho. No entanto, em cargos acima da gerência média, constatamos uma queda acentuada nas pontuações de QE. Para cargos de diretoria e acima, as pontuações despencam abruptamente. Os CEOs, em média, têm as menores pontuações de QE de toda a força de trabalho.

> Os CEOs, em média, têm as menores pontuações de QE de toda a força de trabalho.

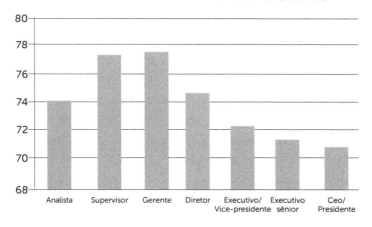

A principal função de um líder é mobilizar as pessoas a fazer o trabalho. Seria de se imaginar, portanto, que, quanto mais elevada for a posição, mais desenvolvidas seriam as habilidades das pessoas. No entanto, parece que é o contrário que realmente acontece. Muitos líderes são promovidos por seu conhecimento ou tempo de casa e não pela habilidade em gerenciar pessoas. Quando chegam ao topo, na verdade passam *menos* tempo interagindo com a equipe. No entanto, entre os executivos, os que apresentam os QEs mais elevados são os que têm o melhor desempenho no trabalho. Descobrimos que as habilidades de inteligência emocional são mais importantes para o desempenho no trabalho que qualquer outra habilidade de liderança. O mesmo pode ser dito de todos os cargos: as pessoas que têm as pontuações de QE mais altas apresentam um desempenho melhor que os colegas com o mesmo cargo.

A DIFERENÇA ENTRE AS GERAÇÕES: INTELIGÊNCIA EMOCIONAL E IDADE

Os *baby boomers* já começaram a sair em massa do mundo do trabalho. De acordo com o Gabinete de Gestão de Pessoal dos Estados Unidos, entre 2006 e 2010, a aposentadoria dos *baby boomers* terá privado as empresas americanas de quase 290 mil colaboradores experientes que trabalham em período integral.

Cabelos grisalhos, fundos de previdência privada e memórias pessoais dos assassinatos dos Kennedys não são as únicas coisas que a economia americana, já em dificuldade, perderá quando os *baby boomers* decidirem se aposentar. Eles detêm a maioria dos cargos de liderança do mercado de trabalho e a aposentadoria dessas pessoas resultará em uma lacuna de liderança a ser preenchida pelas próximas gerações. A questão é saber se os sucessores dos *baby boomers* estão à altura do desafio.

Para encontrar a resposta para essa questão, segmentamos as pontuações de QE de acordo com as quatro gerações que atualmente participam do mercado de trabalho: a geração Y (nascidos entre 1979 e 1991), a geração X (nascidos entre 1966 e 1978), os *baby boomers* (nascidos entre 1948 e 1965) e os tradicionalistas (nascidos entre 1929 e 1947). Quando analisamos separadamente as quatro habilidades básicas de inteligência emocional, constatamos uma enorme diferença entre os *baby boomers* e a geração Y no critério da autogestão. Em resumo, os *baby boomers* são muito menos propensos a perder as estribeiras quando as coisas não vão conforme o planejado em comparação com as gerações mais jovens.

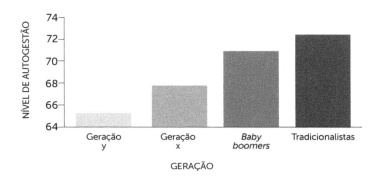

Isso pode não parecer especialmente preocupante. Afinal, todo mundo mais cedo ou mais tarde acaba se aposentando. Os *baby boomers* conseguiram se mostrar à altura dos elevadíssimos padrões estabelecidos pelos tradicionalistas, também chamados de a "grande geração". E note que não foi nada fácil substituir uma geração que conseguiu sobreviver à Segunda Guerra Mundial e à Guerra Fria... Agora a pergunta que não quer calar é: será que a geração X vai conseguir substituir os *baby boomers*?

Sem habilidades de autogestão bem-desenvolvidas, essa tarefa pode ser muito mais difícil do que imaginamos. É claro que, embora a abordagem da geração Y possa ser diferente dos *baby boomers*, muitos argumentariam que ela não é necessariamente pior. Na verdade, pensando no quanto os integrantes da geração Y são informados e tecnicamente versados, eles podem até ter uma vantagem sobre seus antecessores na Era da Informação. No entanto, já deve estar claro que a liderança envolve muito mais que ser uma enciclopédia (ou, melhor uma Wikipédia) ambulante. Então, se os membros da geração Y não forem capazes de gerenciar a si mesmos, como poderíamos esperar que eles gerenciem, quanto mais liderem, os outros?

Na TalentSmart®, passamos um bom tempo discutindo as possíveis explicações para essa enorme diferença nas habilidades de autogestão entre os mais experientes e os mais jovens. Parecia que uma possível explicação era que os integrantes da geração Y cresceram jogando videogame, expostos à gratificação instantânea na internet e pais coruja que criaram toda uma geração de jovens trabalhadores comodistas e incapazes de controlar suas emoções em situações tensas. Mas não nos convencemos com essa explicação.

Quando analisamos os dados por outra perspectiva, tivemos uma ideia melhor do que de fato estava acontecendo. As habilidades de autogestão parecem aumentar progressivamente com a idade. Em outras palavras, as pessoas de 60 anos de idade tiveram uma pontuação maior que as pessoas de 50 anos, que, por sua vez, tiveram uma pontuação maior que as pessoas de 40 anos e assim por diante. Isso significa que as habilidades deficientes de autogestão da

> As habilidades deficientes de autogestão da geração mais jovem têm pouca relação com fatores que não podemos mudar, como os efeitos de crescer na era dos iPods e do Facebook.

geração mais jovem têm pouca relação com fatores que não podemos mudar, como os efeitos de crescer na era dos iPods e do Facebook. Em vez disso, os integrantes da geração X e da geração Y só não tiveram tanto tempo de vida para praticar a gestão de suas emoções. Isso é ótimo, porque o pessoal da geração Y ainda vai ter a chance de praticar, enquanto seria complicado voltar no tempo e mudar o modo como eles cresceram ou foram criados.

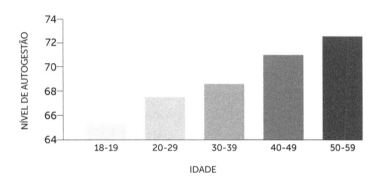

Essa descoberta nos diz tanto sobre a natureza maleável da inteligência emocional quanto sobre as diferenças entre as gerações. Com a prática, qualquer um pode melhorar a capacidade de identificar e gerenciar as emoções, e é o que muita gente por aí já está fazendo. Leva tempo desenvolver essas habilidades, mas um pouco de esforço consciente pode reduzir esse tempo a uma fração do que normalmente levaria. Uma das características que distingue a geração Y é sua enorme capacidade de absorver novas informações e adquirir novas habilidades. Assim, praticamente cabe a cada um fazer o trabalho necessário para acelerar o desenvolvimento de sua inteligência emocional. Para os representantes da geração Y, a opção é ir acumulando naturalmente as experiências ao longo da vida (esperar até os 50 anos para dominar suas emoções) ou assumir a responsabilidade pelo próprio desenvolvimento. Se os membros da geração Y quiserem, eles podem começar agora mesmo. Quando chegarem aos 30 anos, já estarão preparados para liderar como veteranos experientes.

Com os *baby boomers* se aposentando, jovens talentosos na casa dos 20 anos não só podem como *devem* se preparar para assumir um papel de liderança. Os integrantes da geração Y que dedicarem o tempo e o esforço necessários para aprender a resistir à tentação de falar quando não deveriam e a manter os canais de comunicação abertos mesmo quando estiverem chateados ou irritados serão os escolhidos para preencher os cargos de liderança nas organizações de amanhã. Esses cargos virão acompanhados não só de um salário melhor mas também da capacidade de fazer as mudanças que a geração Y tão desesperadamente gostaria de ver no mundo.

A ARMA SECRETA DA CHINA: INTELIGÊNCIA EMOCIONAL E CULTURA

Hoje os dizeres "Fabricado na China" têm um significado bem diferente de alguns anos atrás. O mundo passou um bom tempo considerando o trabalho manual dos 1,3 bilhão de chineses como a única vantagem competitiva do país na economia global. Enquanto as empresas americanas ignoravam os trabalhadores chineses, a crescente força de trabalho qualificada da China hoje se destaca como a maior ameaça competitiva às empresas americanas. Como isso aconteceu?

Esqueça que o Wal-Mart importa US$ 25 bilhões todos os anos em produtos da China... todo mundo já sabe disso. Hoje, a China já tem os trabalhadores do conhecimento necessários para dominar setores como finanças, telecomunicações e informática. Você se surpreendeu com essa notícia? Pois não deveria. Em 2004, a Lenovo, gigante chinesa dos computadores, pagou US$ 1,25 bilhão para comprar a divisão de PCs da IBM. Em 2005, investidores norte-americanos correram para participar da maior IPO (oferta pública inicial de ações) do ano, um banco chinês com US$ 521 bilhões em ativos. Essa IPO marcou a primeira grande instituição financeira chinesa a oferecer ações no exterior e, apesar de seu porte gigantesco, ele é apenas o terceiro maior banco da China. Apesar de o equilíbrio de poder econômico ainda não ter se deslocado completamente, não é segredo algum que a China é o maior credor dos Estados Unidos. O gigante adormecido de fato já começou a se mexer.

Alguns anos atrás, pesquisadores da TalentSmart® decidiram ver como a inteligência emocional estava afetando a colossal transição da China de um fornecedor barato a um líder da indústria do conhecimento. Passamos o verão de 2005 mensurando o QE de 3 mil altos executivos chineses. Nossas descobertas inesperadas ilustram os ingredientes secretos do sucesso econômico da China e uma séria ameaça à capacidade dos Estados Unidos de competir no mercado global: a disciplina. Os executivos americanos apresentaram um QE em média 15 pontos inferior aos executivos chineses em autogestão e gestão de relacionamentos.

> Os executivos americanos apresentaram um QE em média 15 pontos inferior aos executivos chineses em autogestão e gestão de relacionamentos.

Os executivos chineses que participaram do estudo eram talentos cultivados no próprio país. Todos os 3 mil executivos eram cidadãos chineses atuando nos setores público e privado e fizeram o teste *Emotional Intelligence Appraisal*® em chinês. As pontuações dos executivos em autoconsciência e consciência social, apesar de serem alguns pontos mais elevadas em relação à amostra americana, foram estatisticamente similares às dos executivos americanos. Isso significa que os executivos dos dois países têm uma consciência similar das emoções em si mesmos e nos outros, mas que os executivos chineses se beneficiam efetivamente dessa consciência... e as ações dizem mais que as palavras.

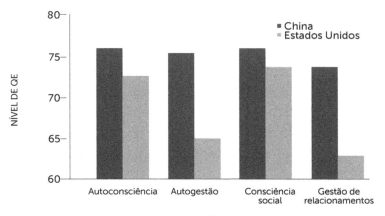

HABILIDADES DE INTELIGÊNCIA EMOCIONAL

Os executivos chineses colocam em prática as qualidades que os americanos meramente permitem que o RH inclua no modelo de competências da empresa. Os líderes americanos gostam de ver esses comportamentos no papel, mas tendem a não colocar o discurso em prática. Os executivos americanos parecem não se dispor a ir além do discurso vazio no que ser refere a usar ativamente as opiniões e sugestões dos outros, trabalhar em equipe, conhecer os colegas e cumprir as promessas.

Já os chineses estão acostumados a levar o lado pessoal ao trabalho. Os executivos chineses costumam marcar jantares para conversar com a equipe sobre as tendências de negócios, planos de carreira e família. As pessoas esperam que seus líderes sejam bons exemplos de como tomar decisões, se conectar com as pessoas e trabalhar no autodesenvolvimento. Um líder incapaz de cumprir esses deveres tem muitos motivos para se envergonhar na China, já que todos esperam isso dele.

As implicações para o resto do mundo são claras: aprenda a gerenciar as emoções ou pague o preço. Não podemos ignorar a importância da relação entre a inteligência emocional e a prosperidade econômica, seja no âmbito de países tentando proteger a vantagem competitiva que já conquistaram na economia global ou no âmbito de nações em ascensão. A China parece ter uma ligeira vantagem nesse critério, devido à cultura na qual os executivos chineses foram criados. Se você crescer em uma cultura em que o descontrole emocional e a autogratificação negligente não só são desaconselhados como são considerados comportamentos vergonhosos, uma criação como essa afetará o modo como você gerencia a si mesmo(a) e aos outros. Como vimos anteriormente, a inteligência emocional é muito suscetível à influência cultural. A questão aqui é se a cultura promove ou inibe comportamentos emocionalmente inteligentes.

Um velho provérbio chinês diz: "Dê a um homem uma vara e ele pegará um peixe por semana. Dê a ele uma isca e ele pegará um peixe por dia. Ensine a ele como e onde pescar e ele pescará a vida toda". O outro lado desse provérbio é que o homem que não tiver uma vara, não tiver uma isca e não souber como e onde pescar corre o sério risco de morrer de fome. Pensando assim, é possível dizer que as pessoas emocionalmente ignorantes que não sabem direito como e onde as emoções afetam sua vida terão muita dificuldade de fisgar o sucesso. Por outro lado, as pessoas capazes de usar as ferramentas e estratégias certas para se beneficiar de suas emoções se colocam em posição de prosperar. Essa mesma verdade se aplica a pessoas, organizações e até países inteiros.

CONSIDERAÇÕES FINAIS: A INTELIGÊNCIA EMOCIONAL E O FUTURO

Apesar de todas essas constatações serem animadoras, elas também podem ser vistas como uma severa advertência. Os cinco anos de ascensão do QE – e a queda inesperada em 2008 – bem como o aumento da inteligência emocional nos homens demonstram que a inteligência emocional pode ser aprendida... e desaprendida. Da mesma forma como você pode fazer de tudo para perder peso no verão só para ganhar todo o peso de volta no inverno, você também pode aperfeiçoar suas habilidades de inteligência emocional e perder tudo o que aprendeu se parar de se empenhar. É justamente por essa razão que recomendamos reler este livro e repassar as estratégias de desenvolvimento da inteligência emocional pelo menos uma vez por ano.

Você não esperaria dominar para sempre uma habilidade como jogar golfe ou tocar piano depois de passar seis meses praticando e desistir, não é? O mesmo se aplica ao desenvolvimento das habilidades de inteligência emocional. Se parar de praticar essas habilidades, é quase certo que mais cedo ou mais tarde você será dominado(a) por empecilhos ou obstáculos no caminho. Você reverterá àqueles velhos e maus hábitos. E as habilidades que desenvolveu a tanto custo podem se perder quase com a mesma facilidade com que foram desenvolvidas e levar consigo o salário mais alto, as melhores decisões e os relacionamentos mais fortes dos quais você vinha desfrutando.

PERGUNTAS PARA DISCUSSÃO EM GRUPOS DE LEITURA

Conversar sobre a inteligência emocional o(a) ajudará a fazer a ponte entre o aprendizado e a ação. Use as perguntas a seguir para dar início a um diálogo proveitoso e reforçar seu entendimento de como as quatro habilidades de inteligência emocional podem ser aplicadas no seu dia a dia.

1. Quantos integrantes do grupo já conheciam o termo inteligência emocional antes de ler este livro?
2. Para os que nunca tinham ouvido falar de inteligência emocional ou QE antes, qual foi a coisa mais importante que vocês aprenderam com a leitura deste livro?
3. Para aqueles que já conheciam o conceito de inteligência emocional e QE antes de ler o livro, qual foi a coisa mais importante que vocês aprenderam?
4. Vocês já sentiram um sequestro emocional semelhante ao que Butch Connor sentiu no encontro com o tubarão?
5. Quais são os sintomas físicos que as emoções o levam a sentir? Por exemplo, você pode enrubescer quando está com raiva.
6. Quais são as mudanças fundamentais que você gostaria de promover em si mesmo, agora que sabe que a mudança pode ocorrer no nível físico? O que você gostaria de treinar seu cérebro para fazer?
7. Qual experiência se destaca para você ao aprender a reconhecer ou controlar suas emoções? E ao aprender a reconhecer o que os outros estão sentindo?

8. No seu trabalho, como as pessoas costumam lidar com as emoções? Alguma estratégia apresentada no livro poderá ajudá-lo(a) nos próximos seis meses no trabalho? E na próxima semana?

9. Como as habilidades de inteligência emocional se evidenciam nas notícias do jornal de hoje? Falem sobre políticos, celebridades, atletas etc.

10. Vocês conseguem pensar em personalidades ou eventos históricos que foram afetados pela gestão insatisfatória ou por uma excelente gestão das emoções?

11. Só 36% das pessoas são capazes de identificar com precisão suas emoções no momento em que elas surgem. Por que você acha que isso acontece? Como seria possível melhorar essa habilidade?

12. Os grupos que decidirem fazer o teste *Emotional Intelligence Appraisal*® na internet antes do encontro podem levar os resultados e conversar usando as perguntas a seguir.

    a. Sem precisar revelar pontuações específicas, qual foi sua habilidade de inteligência emocional mais forte?

    b. Qual foi sua habilidade de inteligência emocional mais fraca? Quais estratégias você pretende aplicar para melhorar essa habilidade?

13. Quais serão suas maiores dificuldades na prática dessas habilidades de inteligência emocional?

14. O que você gostaria de saber das outras pessoas do grupo sobre como elas:
    - Desenvolvem a autoconsciência?
    - Praticam a autogestão?

- Analisam os sentimentos ou as emoções dos outros?
- Gerenciam os relacionamentos?

15. Reflitam sobre as fascinantes constatações a seguir e discutam em grupo:

- A inteligência emocional tende a aumentar com a idade.
- A maior diferença entre os *baby boomers* e a geração Y no que se refere à inteligência emocional se encontra nas habilidades de autogestão.
- Mulheres e homens têm a mesma pontuação média de autoconsciência, enquanto os homens têm uma pontuação maior em autogestão e as mulheres, em consciência social e gestão de relacionamentos.
- Os CEOs e outros executivos seniores têm, em média, as menores pontuações de QE de toda força de trabalho.

NOTAS

1. A JORNADA

A história de Butch Connor sendo atacado pelo tubarão foi retirada de um livro bastante divertido de histórias reais editado por Paul Diamond, *Surfing's Greatest Misadventures: Dropping In on the Unexpected, (Seattle: Casagrande Press, 2006). Disponível em: <www.casagrandepress.com/sgm.html>. Outro relato do incidente pode ser encontrado em Demian Bulwa (31 maio 2004): "Surfer goes toe-to-toe with shark." The San Francisco Chronicle.*

W. L. Payne cunhou o termo inteligência emocional em "A study of emotion: Developing emotional intelligence: Self integration; relating to fear, pain and desire". Tese de doutorado, The Union Institute, Cincinnati, Ohio (1988).

Uma pesquisa inspiradora sobre a inteligência emocional que contribuiu para a popularização do termo foi conduzida na Yale University: Jack Mayer, et al., "Perceiving affective content in ambiguous visual stimuli: A component of emotional intelligence." Journal of Personality Assessment, 54 (1990). Um segundo estudo associando a inteligência emocional ao sucesso: Jack Mayer e Peter Salovey, "The intelligence of emotional intelligence." Intelligence, 17 (1993). Um terceiro estudo associando a inteligência emocional ao bem-estar: J. Mayer e A. Stevens, "An emerging understanding of the reflective (meta) experience of mood." Journal of Research in Personality, 28 (1994).

Gibbs, Nancy (2 out. 1995). "The QE Factor." Time. Travis Bradberry e Jean Greaves, The Emotional Intelligence Quick Book, (Nova York: Simon & Schuster, 2005). No Brasil, Desenvolva sua inteligência emocional: tudo o que você precisa saber para aumentar seu Q. E. (Rio de Janeiro: Sextante, 2007).

2. UMA VISÃO GERAL

A tabela de sentimentos foi reproduzida e modificada com a permissão de Julia West. A tabela de sentimentos original no site de West voltado a escritores de ficção científica está disponível em: <http://www.sff.net/people/julia.west/CALLIHOO/dtbb/feelings.htm>.

O termo sequestro emocional foi utilizado pela primeira vez em um livro de Daniel Goleman, *Emotional Intelligence: Why It Can Matter More Than IQ, (Nova York: Bantam, 2005). No Brasil, Inteligência emocional: por que ela pode ser mais importante que o QI. (Rio de Janeiro: Objetiva, 2007.)*

A hipótese de que as pessoas de baixo QE tendem a alcançar as pontuações mais elevadas dos colegas depois de uma iniciativa de desenvolvimento de habilidades inteligência emocional foi proposta em Neil M. Ashkanasy, "The case for emotional intelligence in workgroups", apresentado na conferência anual da Society for Industrial and Organizational Psychology (abr. 2001).

A ideia de que a inteligência emocional inclui outras 33 habilidades de liderança foi apresentada em Travis Bradberry, Self-Awareness: The Hidden Driver of Success and Satisfaction, (Nova York: Putnam, 2009).

A conexão entre o QE e o desempenho no trabalho e a tendência de as pessoas de alto desempenho apresentarem um QE elevado são de Travis Bradberry e Jean Greaves, The Emotional Intelligence Quick Book, (Nova York: Simon & Schuster, 2005).

A ligação entre o QE e o salário anual é encontrada em Tasler, N. e Bradberry, T., "QE = $" TalentSmart Update (2009). Disponível em: <http://www.talentsmart.com/learn/online_whitepaper2.php?title=QE_MONEY&page=1>.

3. O QUE É A INTELIGÊNCIA EMOCIONAL: AS QUATRO HABILIDADES

O modelo de inteligência emocional agrupando as quatro habilidades (autoconsciência, autogestão, consciência social e gestão de relacionamentos) nas categorias mais amplas da competência pessoal e social é de Goleman, Boyatzis e McKee, *Primal Leadership: Realizing the Power of Emotional Intelligence, (Boston: Harvard Business School Press, 2002). No Brasil, O poder da inteligência emocional: a experiência de liderar com sensibilidade e eficácia. (Rio de Janeiro: Campus, 2002).*

A ligação entre as habilidades de autoconsciência e o desempenho no trabalho foi apresentada em Travis Bradberry, Self-Awareness: The Hidden Driver of Success and Satisfaction, (Nova York: Putnam, 2009).

A constatação de que mais de 70% das pessoas que testamos têm dificuldade de lidar com o estresse vem de Travis Bradberry e Jean Greaves, *The Emotional Intelligence Quick Book, (Nova York: Simon & Schuster, 2005).*

A importância de saber adiar a satisfação dsuas necessidades para obter melhores resultados é vista em Ayduk, O. e Mischel, W., "When Smart People Behave Stupidly: Reconciling inconsistencies in social-emotional intelligence." Capítulo de Why Smart People Can Be So Stupid, Edited by Robert J. Sternberg, (New Haven: Yale University Press, 2002). No Brasil, Por que as pessoas espertas podem ser tão tolas? (Rio de Janeiro: J. Olympio, 2005).

4. UMA VISÃO APROFUNDADA

Estudos sobre a plasticidade do cérebro: T. P. Pons, et al., "Massive cortical reorganization after sensory deafferentation in adult macaques, *Science* (252). N. Jain, (1997), "Deactivation and reactivation of somatosensory cortex is accompanied by reductions in GABA straining, *Somatosens Mot. Res*, 8 (347-354).

D. Borsook, et al. (1998), "Acute plasticity in the human somatosensory cortex following amputation, *NeuroReport, 9 (1013-1017)*. *Katri Cornelleson (2003), "Adult brain plasticity influenced by anomia treatment." Journal of Cognitive Neuroscience, 15 (3)*.

Estudos da Faculdade de Medicina da Harvard analisando alterações na estrutura cerebral: B. A. van der Kolk. "The body keeps the score: Memory and the emerging psychobiology of post traumatic stress." Harvard Review of Psychiatry, 1, 253265 (1994) e B. A. van der Kolk et al., "Dissociation, somatization, and affect dysregulation: the complexity of adaptation of trauma." American Journal of Psychiatry, 153, 83-93 (1996).

O estudo de benchmark demonstrando mudanças no QE seis anos depois de uma iniciativa de desenvolvimento de habilidades de inteligência emocional é visto em Richard Boyatzis, et al. Innovation in Professional Education: Steps on a Journey from Teaching to Learning, (São Francisco: Jossey-Bass, 1995).

6. ESTRATÉGIAS DE AUTOGESTÃO

A estratégia de autogestão #3, "Divulgue suas metas", se baseia na pesquisa de Francis Hesselbein et al. *The Leader of the Future, (São Francisco: Jossey-Bass, 1997).*

A estratégia de autogestão #7, "Incorpore mais sorrisos e risadas à sua vida", fala sobre os benefícios de sorrir de acordo com: Soussignan, R. (2002). "Duchenne smile, emotional experience, and autonomic reactivity: A test of the facial feedback hypothesis." Journal of Personality and Social Psychology, 2, 52-74.

A estratégia de autogestão #9, "Assuma o controle do seu diálogo interno", discute o número de pensamentos que uma pessoa tem em média em um dia de acordo com: The National Science Foundation (www.nsf.gov).

A importância do diálogo interno no gerenciamento das emoções é vista em: Fletcher, J. E. (1989). "Physiological Foundations of Intrapersonal Communication." In Roberts e Watson (Eds.), *Intrapersonal Communication Processes, (188-202). Nova Orleans: Spectra. Grainger, R. D. (1991). "The Use—and Abuse—of Negative Thinking." American Journal of Nursing, 91(8), 13-14. Korba, R. (1989). "The Cognitive Psychophysiology of Inner Speech." In Roberts e Watson (Eds.), Intrapersonal Communication Processes, (217-242). Nova Orleans: Spectra. Levine, B. H., Your Body Believes Every Word You Say: The Language of the Body/Mind Connection, (Boulder Creek: Aslam, 1991).*

A estratégia de autogestão #10, "Visualize seu sucesso", discute o poder da visualização de acordo com: Kosslyn, S. M.; Ganis, G.; Thompson, W. L. (2007). "Mental imagery and the human brain." In: Progress in Psychological Science Around the World, v. 1: Neural, Cognitive and Developmental Issues, Jing Q., Rosenweig M. R., d'Ydewalle G., Zhang H., Chen H.-C., Zhang K., ed. (Nova York: Psychology Press), 195–209.

7. ESTRATÉGIAS DE CONSCIÊNCIA SOCIAL

A estratégia #2, "Observe a linguagem corporal", discute pesquisas sobre a análise de emoções, expressões faciais e linguagem corporal apresentadas em: Dr. Paul Ekman, *Emotions Revealed: Recognizing Faces and Feelings to Improve Communication and Emotional Life*, *(Nova York: Henry Holt & Company, 2007)*. No Brasil, *A linguagem das emoções (São Paulo: Leya, 2011)*.

8. ESTRATÉGIAS DE GESTÃO DE RELACIONAMENTOS

A estratégia de gestão de relacionamentos #4, "Lembre-se dos pequenos, porém importantes detalhes", discute pesquisas sobre o declínio das boas maneiras nos Estados Unidos e opiniões de colaboradores sobre as boas maneiras no ambiente de trabalho de acordo com: Public Agenda Research Group, em ABCNEWS. com, 3 abr. 2002 e ABCNEWS/World Tonight Poll, maio 1999.

Para pesquisas sobre como reparar conversas, veja: John Gottman e Robert W. Levenson, "A Two-Factor Model for Predicting When a Couple Will Divorce: Exploratory Analyses Using 14-Year Longitudinal Data", *Family Process 41, (2002): 83–96.*

EPÍLOGO

Para os dados sobre QE e cargos, veja: Travis Bradberry e Jean Greaves, *The Emotional Intelligence Quick Book*, (Nova York: Simon & Schuster, 2005) e Travis Bradberry e Jean Greaves (dez. 2005). "Heartless bosses", *The Harvard Business Review*.